中華文化基本叢書

白巍　戴和冰　主編

14

CHINESE BRONZE WARES

丁孟　著

中國青銅器

禮在東方

總　序

　　時下介紹傳統文化的書籍實在很多，大約都是希望藉由自己的妙筆讓下一代知道過去，了解傳統；希望啓發人們在紛繁的現代生活中尋找智慧，安頓心靈。學者們能放下身段，走到文化普及的行列裏，是件好事。《中華文化基本叢書》書系的作者正是這樣一批學有素養的專家。他們整理體現中華民族文化精髓諸多方面，取材適切，去除文字的艱澀，深入淺出，使之通俗易懂；打破了以往寫史、寫教科書的方式，從中國漢字、戲曲、音樂、繪畫、園林、建築、曲藝、醫藥、傳統工藝、武術、服飾、節氣、神話、玉器、青銅器、書法、文學、科技等內容龐雜、博大精美、有深厚底蘊的中國傳統文化中擷取一個個閃閃的光點，關照承繼關係，尤其注重其在現實生活中的生命力，娓娓道來。一張張承載著歷史的精美圖片與流暢的文字相呼應，直觀、具體、抽象，把僵硬久遠的過去拉到我們眼前。本書系可說是老少皆宜，每位讀者從中都會有所收穫。閱讀是件美事，讀而能靜，靜而能思，思而能智，賞心悅目，何樂不爲？

　　文化是一個民族的血脈和靈魂，是人民的精神家園。文化是一個民族得以不斷創新、永續發展的動力。在人類發展的歷史中，中華民族的文明是唯一一個連續五千餘年而從未中斷的古老文明。在漫長的歷史進程中，中華民族勤勞善良，不屈不撓，勇於探索；崇尚自然，感受自然，認識自

然，與自然和諧相處；在平凡的生活中，積極進取，樂觀向上，善待生命；樂於包容，不排斥外來文化，善於吸收、借鑒、改造，使其與本民族文化相融合，兼容並蓄。她的智慧，她的創造力，是世界文明進步史的一部分。在今天，她更以前所未有的新面貌，充滿朝氣、充滿活力地向前邁進，追求和平，追求幸福，承擔責任，充滿愛心，顯現出中華民族一直以來的達觀、平和、愛人、愛天地萬物的優秀傳統。

什麼是傳統？傳統就是活著的文化。中國的傳統文化在數千年的歷史中產生、演變，發展到今天，現代人理應薪火相傳，不斷注入新的生命力，將其延續下去。在實踐中前行，在前行中創造歷史。厚德載物，自強不息。是為序。

湯一介

序

青銅韻千古

　　銅作爲第一種登上文明舞台的金屬，有其必然性。天然銅具有良好的
延展性，適於鍛打造型，又因爲它的熔點低而成爲人類最早掌握冶煉技術
的金屬。這種天然銅冶煉出的銅呈現淺紅色的光澤，我們一般稱之爲紅銅。
在新石器時代，紅銅製品已經比較普遍，但是紅銅的質地相當柔軟，還無
法成爲石器的替代材料；因此，發明和使用紅銅的這段時間並沒有被歷史
學家命名爲紅銅時代。不過，成熟的紅銅材料獲取和製作技術所積累的經
驗，使得人們最終創造出了複雜的青銅加工技術。在中國，紅銅出現的比
較確切的時間是始於西元前二千年前的甘肅齊家文化和遼寧西部的夏家店
文化，在有關遺址中已經發現過紅銅裝飾品和小件器物。錫的特性類似於
紅銅，易於冶煉，又相當柔軟，實用性不強。至今，我們還沒有找到人類
早期發現錫的具體時間資料，但可以推斷，它與紅銅冶煉的發明，在時間
上應該是相近的，畢竟青銅的出現和錫密切相關。人們發現冶鑄紅銅時，
加入一定比例的錫，熔點會更低，而硬度卻大大提高，於是，青銅誕生了，
並代表了一個時代。

「青銅時代」這個名詞最早可追溯到十九世紀上半葉，時任丹麥國家博物館館長的克‧吉‧湯姆森(Christian Jürgensen Thomsen,1788-1865)提出的「三時代系統」（Three-age System），他將博物館的館藏按三個時代分類：一是石器時代，二是青銅時代，三是鐵器時代。並在後來的著述《北方古物指南》中給予「青銅時代」這樣的定義：以紅銅或青銅製成武器和切割工具的時代。這一定義在西方的歷史和文化學中一直延續使用。

世界各文明古國都經歷了青銅時代。古埃及在中王國時代（西元前二一三三至前一七八六）出現了用青銅製作的生產工具、戰車，顯示出當時青銅文明的全盛。兩河流域的烏爾第一王朝（約前二七〇〇至前二三七一）也已經鑄造了青銅器。古印度的青銅時代開始於西元前二三五〇年至前一七五〇年的哈拉巴文化，青銅器以鋤、鐮、刀、斧、劍等工具和兵器爲主。古埃及、兩河流域及古印度與中國一樣，都是在青銅時代進入了文明時期。

中國歷史發展和西方史學家所劃分的三個時代是一致的。中國文明有極清晰的生產力發展三大時代特徵。然而，僅僅把青銅器視爲一種工具，是遠遠涵蓋不了中國青銅時代所具有的歷史意義的。中國的青銅時代是世界文明發展過程中特有的類型。青銅器既是這個時代中國文明的象徵，又是產生象徵的因素，無論從數量還是種類上都是其他文明類型所無法比擬的。中國青銅文化是整個時代文明的概念。

在中國，古史所記「夏鑄九鼎」的傳說，是打開青銅時代第一頁的標記，中國在夏代前期就已掌握了冶煉青銅的技術。中國青銅器伴隨著早期國家的確立而出現，自然就成爲王權的象徵。傳說夏所鑄造的九鼎，先後被遷移至商和周的國都，它們成爲了王朝更迭、新主一統天下的象徵。到春秋時期，由於周王室衰弱，楚王假借問九鼎的重量，來炫耀楚國的強大和表達覬覦王權之心。雖然楚王的行動未能如願，但「問鼎中原」，卻從

此成為諸侯各國追求的目標。

在中國的青銅時代，商王武丁時期無疑是最重要的發展階段，這時國力和青銅鑄造工藝都達到頂峰。為了維護神權統治的需要，王室與貴族經常要進行大量繁複的祭祀活動，在這些活動中，青銅器是神壇上最重要的道具，這也促使青銅器鑄造工藝有了長足的進步。體積厚重、紋飾神秘莊重的青銅器大量湧現，成了中國青銅文化最繁榮的時期。

西周時期最大的貢獻，就是禮制建設。從金文記載的內容看，大概在穆王前後，一系列祭祀、軍事、饗宴、相見等禮儀制度逐漸形成，並成為當時貴族等級制度的嚴格規範，這就是中國後世所尊崇的「周禮」。由於青銅器在西周禮儀活動中的標示作用，周人形成「藏禮於器」的制度。因而，此時組合有序的青銅器又被稱為「禮器」。孔子曰：「唯器與名，不可以假人。」青銅器被賦予「明貴賤、別等列」的作用，青銅器佔有的多寡成為了貴族身份和地位的象徵。

在青銅器上鑄刻銘文，是中國青銅時代獨有的現象，它們為後代留下了珍貴的史料。早在商代前期，中國青銅器上就開始有象形文字出現，到商代晚期長達數十字的記事銘文開始出現。進入西周以後，更有了許多百字以上的長篇記事銘文。青銅器上的文字，又叫「金文」。目前收錄的金文單字有三千七百七十二個，已識字二千四百二十個，未識字一千三百五十二個。長篇金文的主要內容是頌揚祖先及王侯們的功績或記錄重大歷史事件等。

在漢代，人們把青銅器的出土視為祥瑞，開始注意對青銅器的研究和收藏。到了宋朝，由於得到了皇帝的倡導，青銅器的研究蔚成風氣，出現了一批著名的學者和著作，如《考古圖》（呂大臨）、《博古圖錄》（王黼）、《歷代鐘鼎彝器款識法帖》（薛尚功）、《嘯堂集古錄》（王俅）、《鐘鼎款識》（王厚之）、《紹興內府古器評》（張掄）、《皇佑三館古器圖》（楊

南仲）、《先秦古器圖》（劉原父）、《集古錄》（歐陽修）、《金石錄》（趙明誠、李清照）等。從研究水準看，他們已達到相當的高度。應該說，宋代為後世的金石學以及近代古器物學和古文字學的發展打下了基礎。

清代乾隆年間，欽定將皇家收藏的青銅器編輯成冊，著成了《西清古鑒》、《寧壽鑒古》、《西清續鑒甲編》、《西清續鑒乙編》等四部青銅器資料書。

民國以來，受西學東漸的影響，中國古器物及古文字之學有了很大進步。此時的著名學者有王國維和羅振玉。容庚著有《金文編》、《商周彝器通考》等書，系統地總結了古器物與古文字學的研究成果。唐蘭的《古文字學導論》是中國近代第一部古文字學理論著作，《西周青銅器銘文分代史徵》則是作者用金文研究西周史的重要作品。郭沫若的《兩周金文辭大系圖錄考釋》是一部具有重要學術價值的巨著，它創造的「西周斷代、東周分國」的研究體例，把分散的銘文資料整理成互相關聯的史料，成為揭示中國古代社會性質的有力證據。他纂寫的《殷周青銅器銘文研究》、《金文叢考》等金文專著與論文，都體現了把金文研究與先秦史研究有機結合的鮮明特色。

一九四九年以後，隨著考古事業的發展，青銅器資料大量出土，幾乎填補了中國青銅器發展史上的絕大部分缺略。考古學、古文字學的研究方法也日漸縝密，解決了古史研究和古代文化史研究的一系列問題，引起了學術界的廣泛注意。古器物與古文字之學，從「蕞爾小學」一躍成為「當世顯學」。

目　錄

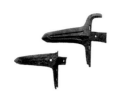
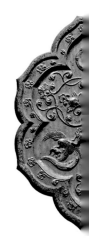

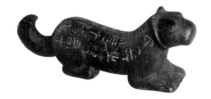

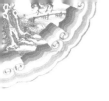

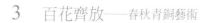

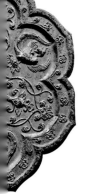

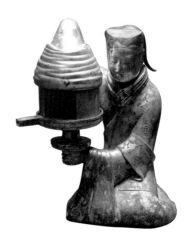

禮出東方

中國青銅器

1

永恆的圖像

——夏商青銅器

▋ 導言

青銅時代到來前，中國是散亂分佈的部族社會。部族聯盟首領的產生，實行「禪讓」制度，由前任首領推薦，各部族集體擁戴產生。大約在西元前二十一世紀的時候，居住在黃河中下游地區的夏族大禹，因為領導各族人民疏導治理洪水獲得成功，被推戴為天下首領。大禹死後，傳位於其子啓，建立了中國歷史上第一個王朝——夏，至此，「禪讓」制被廢除，中國古代社會從此進入文明時代。

夏文化雖然還在探索中，但河南偃師二里頭遺址中已有青銅器出土，這些青銅器被認為是夏代晚期的產物。二里頭出土的青銅爵（圖 1-1），從鑄痕看，內外範多達

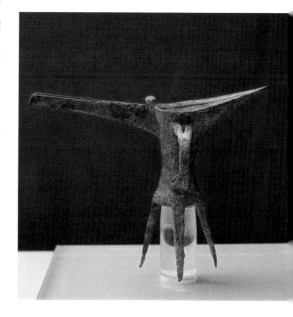

圖 1-1　夏代青銅爵，河南偃師二里頭出土，首都博物館「考古與發現展」（聶鳴／攝）

3

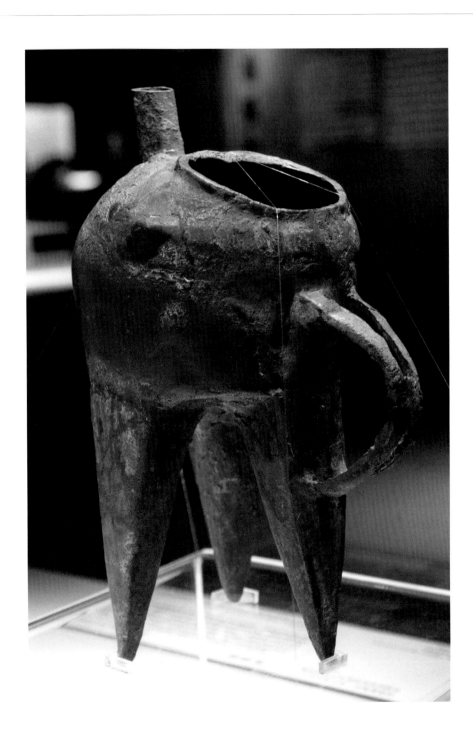

四塊，器壁薄而均勻，其工藝水準已經脫離最原始狀態，說明中國在夏代已熟練掌握冶煉青銅的技術，中國社會開始步入青銅時代。（圖 1-2）（圖 1-3）

　　西元前十六世紀，居住在黃河下游的商部族發展壯大起來了，首領湯起兵滅夏，夏王桀被殺，建立了中國歷史上的第二個王朝——商。商代時中國青銅文化有了進一步的發展，商王盤庚將都城確定在殷以後，城市規模增大，國力日益增強，青銅器鑄造工藝有了長足的進步，進入了中國青銅文化最繁榮的時期。此時，青銅生產工具和青銅武器已被廣泛使用，而且為了適應其神權統治，需要進行大量繁複的祭祀活動。在這些活動中，青銅禮器是神壇上的重要器具，因而體積厚重、紋飾神秘莊重的青銅器大量湧現，並且普遍出現了銘文。

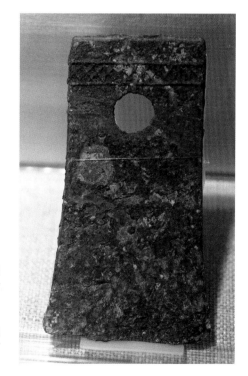

（左）圖 1-2　夏代青銅盉，河南偃師二里頭夏城遺址出土，首都博物館「早期中國——中華文明起源展」（磊鳴／攝）

（右）圖 1-3　夏代青銅鉞，河南偃師二里頭夏城遺址出土，首都博物館「早期中國——中華文明起源展」（磊鳴／攝）

▌ 從青銅工具與青銅武器說起

　　商代大多數的文化徵象已體現了文明社會特點，但是也存在某些方面的不足，使其不能被稱爲文明社會。首先，從金屬器的使用來看，文明的特徵是把金屬作爲工具使用，但商代時青銅器是作爲禮器的，生產工具還處於金石並用時代。青銅工具雖然開始應用了，卻沒有完全替代原始的石、蚌、骨質工具，仍然是石器的配角。儘管如此，青銅工具的使用還是促進了商代的手工業和農業的發展。

　　商代的青銅農具有耒（lěi）、耜（sì）、钁（jué）、鏟、犁鏵（huá）、銍（zhì）等幾個類型。這些用具能夠用於農業經濟領域，開展並完成一套相對系統、完整的生產勞動程序，基本可以承擔墾耕播種、中耕除草、收割等幾個階段的工作。

　　商代的農業是耜耕農業，銅耒、銅耜（圖 1-4）是不可缺少的重要成員。它們主要供職於商周之時，是對過去木耒、木耜、石耒、石耜的繼承和發展。其中，原始的耒，出現在新石器時代，起初乃爲一個尖頭的棍棒體，稱爲單齒耒，後來又有了雙齒耒（以木質爲多）。而青銅耒，也保持了以前木耒的雙

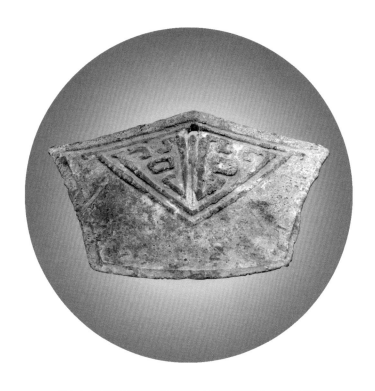

圖 1-4　商代獸面紋耜，江西新干大洋洲商墓出土（聶鳴／攝）

齒形態，並與圓形銎口相連，安裝木柄使用。銎口上面，置橫木供腳踏踩，以便用力下挖。由於耒的下端是尖突或尖錐形，與平刃、弧刃和寬刃的鏟形器相比，其破土功能更強些，所以，在一些堅硬的或貧瘠的土地上，石耒、木耒和銅耒的使用情況比較普遍些。銅耒的用途頗具綜合性，它除了墾田之外，還可以用於挖地窖、開河渠等工作。甲骨文籍字作 𦔫，正像一個直立的人，手持耒柄、舉足踏耒肩刺地之形。在河南安陽小屯西地商代窖穴的土壁上還留存有清晰的商代的耒痕，呈 ⌒ 形。其使用方式及功效與今天的鐵鍬相同。

　　此外，钁、鏟、犁鏵、銍也是商代使用的農具。钁是在斧、鏟的基礎

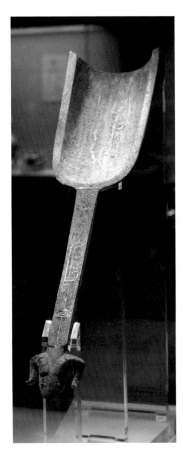

上形成的，它是上古時期的刨土工具，是根據人高舉下落的勞動狀態製造的生產器具。在河南鄭州南關等處的商代遺址中，發現過眾多的钁範，表明當時已經存在著鑄造青銅钁的作坊，工匠們在從事一定規模的製造活動。由石钁發展而來的銅钁，應用量稍多，它與銅鏟相比，體實、厚重、狹窄，近似於鎬頭。農夫用以進行橫斫式的刨土勞作。钁爲銅製的長條形平板狀，近似於鋤頭，刃部比較鋒利，钁身爲長長的木柄。用它刨土時，農夫兩手緊握钁把，高舉過頭，向下用力，可以較好地斫除荊棘根株，墾闢荒田。鏟是一種直插式的破土和整地工具。鏟與耜並無太大的區別。耜以墾地爲主，銎口和器身寬大，刃部平直或微顯弧形，器面厚重一些，且有供腳踏的橫木。而鏟，器身稍窄、器形稍小，無腳踏橫木。因爲它屬綜合性工具，除了耕地之外，還有鏟草的職能，故器形不宜寬大、厚重。（圖 1-5）商代已經出現了青銅犁鏵，其外形與石犁鏵相似，用銅礦冶煉鑄造而成，上部寬平，有張開之銎口，下部尖突，呈倒置的等邊三角形狀。其尖突部分，則被製造成銳利的角刃，以利於破土入壤，提高生產力。銍是古代民間的農用器物，也是手鐮（無柄小鐮刀），爲收割工具。江西新干出土了一件商代青銅銍，呈長方體，器刃扁薄，背部較厚，長弧刃，並有三個狹長形的穿孔，用以穿繩

圖 1-5　商代羊首鏟，北京保利博物館藏（磊鳴／攝）

挎手，防止脫落。

漁獵，在商代的經濟生活中也佔有重要地位。此時漁獵的青銅工具有魚鉤。魚鉤體呈半圓形彎轉，鉤尖尖利，頂端有一周凹槽，可以繫線。此外，武器中的銅鏃（zú），也常常被用作漁獵工具。

商代的手工業生產離不開青銅工具，此時常用的工具有斧、錛、鑿、鋸、削、錐和鑽等，它們主要用於加工泥範、鑽刻甲骨、製作木器和木車等。斧，是砍伐工具，使用方法和今天的斧頭相似。與銅斧功用相近的還有錛。錛也是裝柄使用的，最早出現於商代晚期，其器形與銅斧大體相似，呈單斜面弧刃，錛口爲方形者居多，背面微拱，錛內安插曲形柄。錛壁厚實，且多有紋飾，質地堅硬，造型勻稱。（圖 1-6）錛同斧的區別在於：銅斧是木柄與器刃成一字形，而銅錛是木柄與器刃成丁字形。鋸，商代時作矩形，兩邊有鋸齒，用於截斷木料或骨料等。削，一般爲凹背弧刃，後

圖 1-6　西周木把青銅錛，河南三門峽虢國博物館（聶鳴／攝）

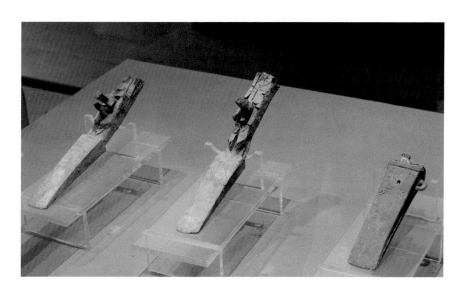

有直柄。安陽殷墟婦好墓曾出土有銅削。錐，作柱狀或長條形，兩面刃，穿孔用。青銅生產工具的使用，提高了生產效率，也推動了商代製車業的發展。

根據《世本·作篇》等古代文獻記載，夏代奚仲發明了車子；但是由於年代久遠，木質易朽，夏代的車子在考古工作中尚未發現。而商代駕馬的木車在考古發掘中已屢有發現，現在我們已經能夠據此復原商代馬車的結構。商代時大多是一車二馬，在轅後部及車軸上面裝置乘人的長方形車廂。當時為了使車堅固與美觀，在木車及馬頭上配有青銅製作的構件與飾件，稱之為車馬器。主要有軎（wèi）、轄、銜、鑣（biāo）、轂（gǔ）、當盧、馬冠、軛（è）、鑾鈴。銅軎套在車軸外側，形狀一般呈長筒形，空其粗端套接軸頭。銅轄常與軎配合使用，是車軸上的銷子，呈長條形，頂上一般有獸頭裝飾，插入軎上和軸端的橫穿孔內，從而使軎不致脫落，也防止了車輪脫出。銅銜又稱「勒」，是橫勒在馬口中的器具，其形制由兩節鏈條組成，兩端與鑣相接。銅鑣飾在馬口角的兩頰上，其形制有圓形、方形和長條形三種，中央都有一孔。銅轂安裝在車輪兩側的軸上，有控制車輪傾斜的作用。銅泡是馬顱上的飾物，一般為圓體，以絡馬頭。馬冠是繫在馬額上的飾物，特徵為大獸面形，粗眉圓目，巨鼻大口，下頦上凹，邊緣有用於皮條縛紮的穿孔。銅軛是車上部件，作人字形，一首兩腳，首繫車衡，兩腳架在馬頭上。軛本為木質，外用銅包鑲，也有的車軛僅首、足處包套銅飾。

在商朝，有兩件事被視為國家大事，一是祭祀與占卜，二就是保衛邊防、開拓疆土和擄掠奴隸的征戰了，所謂「國之大事，在祀與戎」。武丁是商朝歷史上有名的一代君王，他在位近六十年中，頻繁出征作戰，先後征服了西北、東南的周邊部族，極大地擴充了王朝的版圖。在這個過程中，妻子婦好是他最重要的幫手。婦好作為王后，通過主持祭祀，參與朝中的

政治活動。婦好也是商王朝的軍事統帥，在征討羌方的戰役中，武丁將商王朝一半以上的兵力（一萬三千餘人）都交給了她。這場戰役大獲全勝，也是武丁時期出兵規模最大的一次。甲骨文卜辭中記錄了這一條：「貞，登婦好三千，登旅萬乎伐羌。」

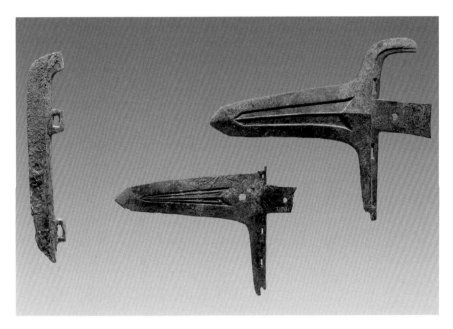

圖 1-7　商代青銅刀、戈，江西新干大洋洲出土
（磊鳴／攝）

　　商王朝戰無不勝的軍隊，擁有著當時最先進的青銅製武器。考古發現商代的青銅武器有戈、矛、戟（jǐ）、刀、鉞（yuè）、鏃、胄等。〔圖 1-7〕商代的青銅武器不僅比石質武器鋒利、堅固耐用，而且適合大量製造，便於武裝軍隊。在安陽殷墟一座商代晚期王陵的墓道中，就發現有隨葬的青銅

11

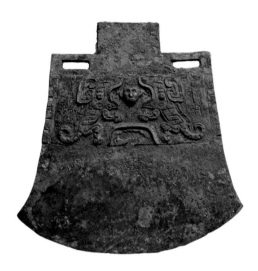

圖 1-8　商代婦好大鉞（中國社會科學院考古研究所藏），河南省安陽市殷墟婦好墓出土，首都博物館展品（孔蘭平／攝）

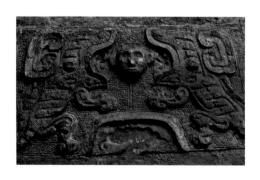

圖 1-9　商代婦好大鉞紋飾，河南安陽殷墟婦好墓出土，首都博物館「考古與發現展」（聶鳴／攝）

12

戈七百二十二件和成捆的青銅矛七百三十一件，以及青銅冑一百四十一件等，可見當時武器生產的規模之大。

　　下面分別介紹商代的青銅武器。

　　鉞，是一種劈砍兵器，也是殺人的刑具，銘文中的 𢧜 字，就是以鉞斬首的形象。形狀像斧頭，刃部外侈，內和身之間兩側有欄，身中部凸起。有穿，以安裝長柄。多用於刑殺，飾有威武生動的紋飾，是權威的象徵物。安陽殷墟婦好墓出土的大銅鉞，鉞身上部飾雙虎欲吞食人頭的紋飾，人頭置於兩個張大的虎口之間。（圖1-8）（圖1-9）河北藁城台西及北京平谷劉家河還發現了商代後期的鐵刃銅鉞（圖1-10），鉞身用青銅製成，刃部則用隕鐵鍛打而成。它是商代開始利用隕鐵的證明。

　　刀，又稱「削」，是商代很有特色的一種兵器。其中直體

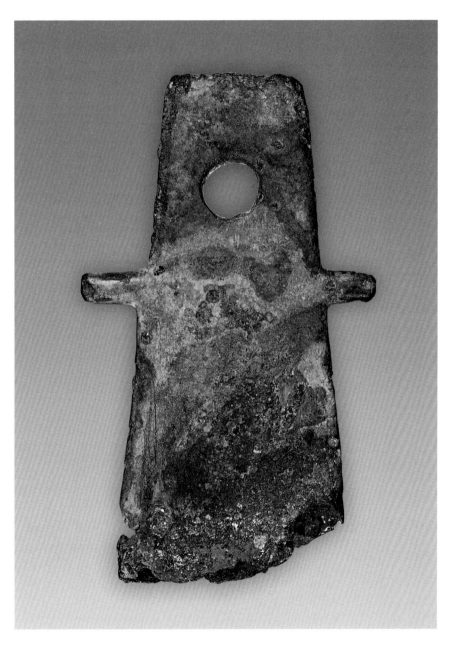

圖 1-10　商代鐵刃青銅鉞，商中期，1978 年北京平谷區
劉家河出土，中國國家博物館藏

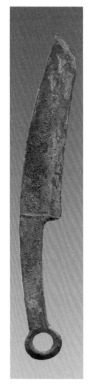

圖 1-11　商代青銅削，鄭州商城遺址出土，河南鄭州博物館藏（聶鳴／攝）

圖 1-12　商代青銅戈，安陽戚家莊商墓出土，河南安陽博物館藏（聶鳴／攝）

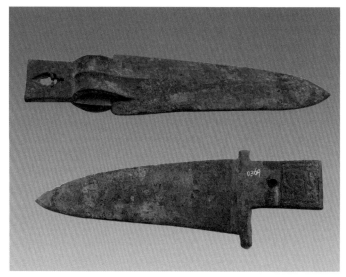

翹首的大刀，單面側刃，是用於砍殺的兵器。柄飾馬頭的短刀，則用於近身格鬥。（圖 1-11）

　　戈，是最具中國民族特色的長柄格鬥兵器。戈的構造很特殊，垂直裝柄。橫刃有鋒，可以橫擊、啄擊和鉤殺。商代銅戈援較窄，援內有凸起的欄。一般的無胡無穿。（圖 1-12）

　　矛，為刺兵。它由矛身、骹（qiāo）、柲（bì）、鐏四部分組成。矛身，就是矛頭帶刃的部分，中線起脊，有的兩旁留有血槽。刃身下口是骹，略呈圓錐形，用來安插矛桿。為了防止矛頭脫落，兩旁常有兩個環紐或留出兩個小孔，以便用繩將矛頭綁牢在矛桿上。桿末端有鐏，用來插地。（圖 1-13）

14

　　鏃，是遠射武器──弓箭的箭頭。商代的弓和箭桿用木製作，箭頭則用青銅製成，說明對這一遠射武器的重視。

　　冑，防護裝具。商代銅冑製作精良，正面多鑄有獸面紋飾，冑上豎立銅管，用來插裝羽纓等飾物。西周冑造型樸實，左右兩側向下延伸形成護耳，有的在沿邊寬帶上凸出一排圓泡釘。（圖 1-14）

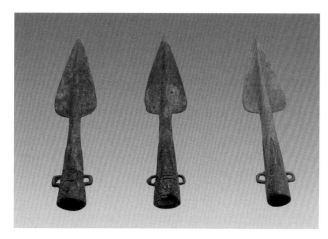

圖 1-13　商代青銅矛，安陽戚家莊商墓出土，河南安陽博物館藏（磊鳴／攝）

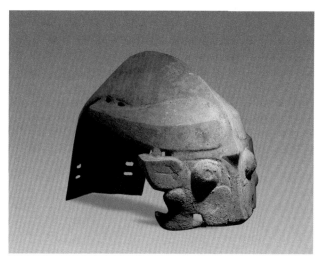

圖 1-14　商代獸面紋冑，北京保利博物館藏（磊鳴／攝）

▎神秘之韻的青銅禮樂器

　　青銅器在商代代表了巨大的財富。青銅器的
這種財富性質，緣於在當時它是一種稀有金屬，
在原料獲取、工藝設計和鑄造生產過程中都需要
投入大量的資源和勞力，凝聚了巨大的勞動和智
慧，並包含了神秘知識和藝術創造力等多方面的
因素。商代青銅器的生產，除了工具和武器之外，
王室貴族用於禮儀活動的青銅器具為最大宗。其
功能不單是盛物，最重要的在於它的祭祀作用，
祭祀的對象主要是祖先。對祖先的盛大祭祀是一
種當政者才有權從事的禮儀活動，因為通過對祖
先的祭祀，祭祀者便發生了與過去歷史的聯繫，
從而獲得了權力來源的某種合法性。以青銅為核
心的古代藝術，通過禮器，將政治、宗教和藝術
結合在一起。

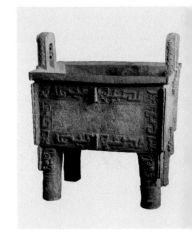

圖 1-15　商代后母戊大方鼎

　　夏代已經出現了包括爵、斝、鼎等容器的青銅禮器，徹底改變了新石器時代以玉器和特殊陶器爲主要禮器的局面，形成了以青銅器爲中心的禮器群。如果說夏代的青銅器還帶有相當原始性的話，那麼商代的青銅器則迅速發展，特別在晚商時期達到了中國青銅手工業的一個頂峰，昭示了古代中國獨特的青銅文化日臻完善，並對後來數千年中華文明的進程產生了深遠的影響。

　　到了商代，青銅禮器已經發展有食器、酒器、水器和樂器四大類。

　　食器中有鼎、鬲(lì)、甗(yǎn)、簋、豆、匕、俎(zǔ)。

　　鼎，古代用以煮或盛肉用的容器。鼎作爲最重要的禮器，也是權力的象徵，故器形有磅礴的氣勢，主體紋樣突出，方鼎的這種特點更爲突出。后母戊大方鼎[圖 1-15]是迄今發現最大、最重的青銅器，高一百三十三公分，重達八百七十五公斤。該鼎製作時，採用了多塊陶內範和外範拼合的方法

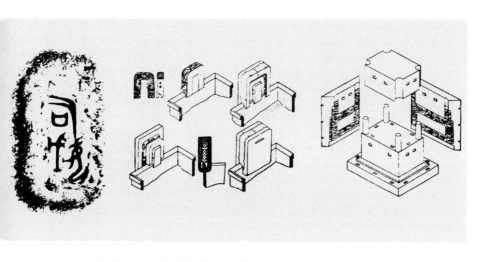

圖1-16　商代后母戊大方鼎結構圖及銘文(賀新鋒／攝)

17

澆鑄而成，從而解決了結構和體量上的難題，為器物造型提供廣泛的變化
空間，這種方法是商代的技術高峰。（圖 1-16）這件巨大的青銅方鼎裝飾有獸
面紋，給人以一種威風八面的氣勢，紋樣的位置處於鼎的視覺中心上，器
面上的長方形外框，使整個鼎的形象更加突出，其他裝飾紋樣顯然是次要
的。圓鼎的形態，均為圓腹、三足、兩耳。（圖 1-17）

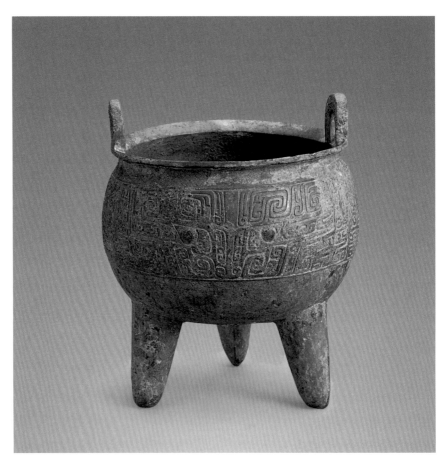

圖 1-17　商代青銅獸面紋鼎，商中期，1977 年北京平谷區
劉家河出土，首都博物館藏

鬲，用來炊煮食物的器皿。鬲的形狀似鼎而空足，足空使受熱面積增大，易煮熟食物。（圖 1-18）

甗，專門用於蒸飯的器具，功能相當於現代的蒸鍋。甗分為上、下兩部分，上部為甑，放置食物；下部稱鬲，放水。甑與鬲之間有銅箅。箅上有孔，鬲中水加熱後，蒸氣通過箅孔蒸熱甑內食物。（圖 1-19）

簋，盛放已熟的黍、稷、稻、粱等飯食的容器，很像現在的飯碗。其基本形制為敞口，圓腹，圈足，無耳或二耳。簋也是重要的禮器，在商周時期它同樣是象徵貴族身份高低的標誌物。據《禮記》記載和現代考古發現，簋是以偶數組合與奇數的列鼎配合使用，天子用九鼎八簋，諸侯七鼎六簋，大夫五鼎四簋，元士三鼎二簋。

豆，用來盛放肉醬。豆多作圓盤，中有長柄稱「校」，下為圈足。一般有蓋，蓋上有提手或環紐。青銅豆出現在商代晚期，而盛行於春秋戰國。

匕，是古代把取食物的叉子。

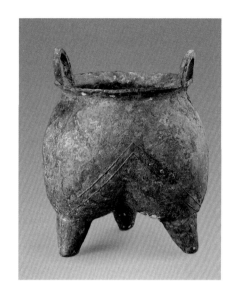

圖 1-18　商代弦紋鬲，1977 年北京平谷區劉家河出土，首都博物館藏

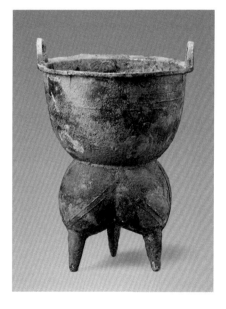

圖 1-19　商代弦紋甗，1977 年北京平谷區劉家河出土，首都博物館藏

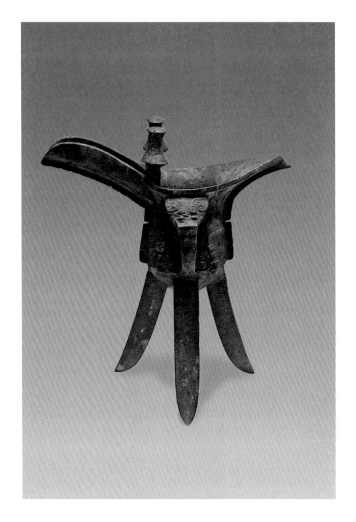

圖 1-20　商代青銅
爵，1976 年河南安
陽殷墟婦好墓出土，
中國國家博物館「古
代中國陳列展」（孔
蘭平／攝）

匕的用途包括挹取飯食和牲肉。考古發現的匕常與鼎、鬲同時使用。商代
的匕，多體呈條形。

　　俎，古代祭祀時用以載牲的禮器，也是切肉用的案子。俎體為兩端有
足的長方形，有的案面微凹，有的案面上鑄十字形孔。青銅俎的數量很少，
已發現的有商代和戰國時期的俎。

在商代青銅禮器中，以酒器最多。如婦好墓的隨葬禮器有二百件，酒器就佔到了 70%。商代酒器的種類有爵、角、觚（gū）、觶（zhì）、斝、兕觥（sì gōng）、尊、方彝、卣（yǒu）、罍（léi）、壺、盉（hé）、瓿（bù）、勺等十多種，酒器的分類說明商代森嚴的等級制度。《禮記 · 禮器》上就有「宗廟之祭，尊者舉觶，卑者舉角」的規定。平日飲酒，也是富者用銅觚銅壺，貧者用陶觚陶爵。商代飲酒成風，商朝末年，紂王即位，修建了許多離宮別館，又作「酒池肉林」，爲「長夜之飲」，大小貴族無不沉湎於酒色。《尚書 · 無逸》就斥責商代貴族飲酒無度，「不知稼穡之艱難，不聞小人之勞，惟耽樂之從」。

爵，飲酒器，也是最早出現的青銅禮器。爵的一般形狀爲圓腹，前有傾酒的流，後有可均衡流重量的尾，旁有鋬，上有二柱，下有三高足。也有的爵腹作方形，少數爵爲單柱或無柱。（圖 1-20）

角，飲酒器。角的形制似爵，無柱、無流，兩端都是尾，有的甚至帶蓋。主要出現於商代和周初。

觚，飲酒器。喇叭形口，細長身，圈足，身上常用凸起的棱作爲裝飾。（圖 1-21）

觶，飲酒器。形似小瓶，侈口，圈足，

圖 1-21 商代旅觚，1982 年北京昌平區沙河供應站揀選，首都博物館藏

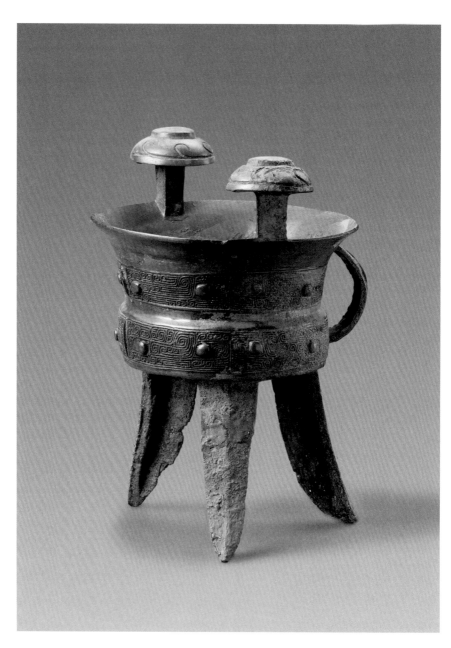

圖 1-22　商代夔鋬紋斝．1977 年北京平谷區
劉家河出土，首都博物館藏

大多數有蓋。腹分扁圓體和圓體兩種，前者形制有的較大，流行於商代晚期和西周初期，後者形制均較小，且沿用至東周。

　　斝，溫酒器。一般形狀為圓腹，侈口，兩柱，一鋬，三高足。少數腹部分襠、袋足；還有的腹作方形而四角發圓，四足，有蓋。（圖 1-22）

　　兕觥，飲酒器和盛酒器。形狀一般為蓋作獸頭形，器似匜（yí），橢圓腹或方形腹，短流，有鋬，下圈足或四足。有的觥內附有酌酒用的斗，說明它也是盛酒器。（圖 1-23）

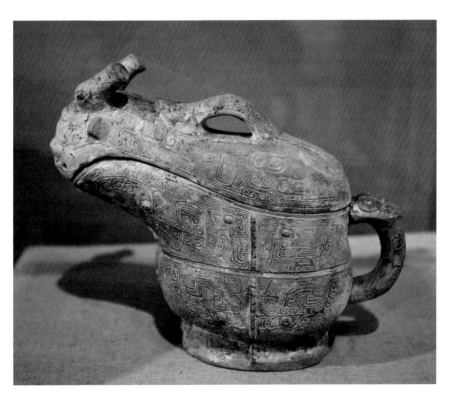

圖 1-23　商代兕觥，河南安陽殷墟博物館藏
（樹莓／攝）

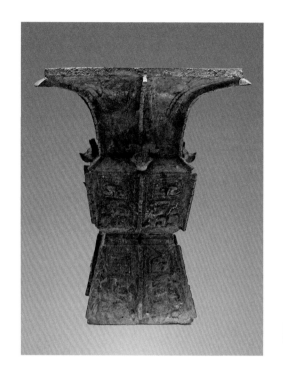

圖 1-24　商代青銅尊，1976 年河南安陽殷墟婦好墓出土，中國國家博物館「古代中國陳列展」(孔蘭平／攝)

尊，盛酒器。最常見的有圓形、侈口、圈足尊和少數方尊。（圖 1-24）

方彝，盛酒器。特徵是身作方形，腹有直、有曲，屋頂形蓋，蓋上有紐。有的方彝腹側有雙耳。安陽殷墟婦好墓出土一件似兩件方彝聯成一體的長方形器物，郭沫若先生稱其爲「偶方彝」。

卣，古代盛酒器，並且是專用以盛香酒的祭器。卣的形狀很多，或圓，或橢圓，或方形，也有做成圓筒形、鴟鴞形、虎吃人形等。其主要特徵爲深腹有蓋和提梁。盛行於商代和西周。

罍，古代盛酒或盛水器。其形狀有圓形和方形兩種，一般均作深腹，寬肩、兩耳、有蓋、圈足，正面下腹部設一穿繫用的鼻紐。主要盛行於商代和西周。（圖 1-25）

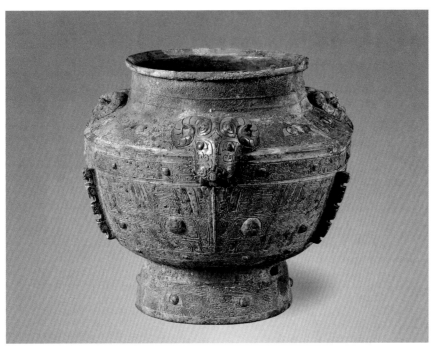

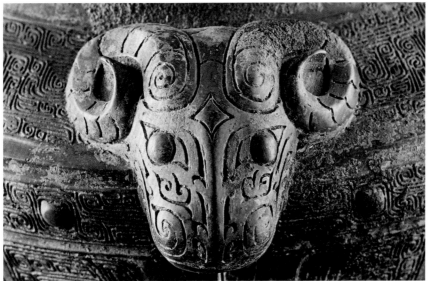

圖 1-25　商代三羊罍及其局部・1977 年北京平谷區劉家河出土・首都博物館藏

壺，盛酒器，也用於盛水。青銅壺使用時期長，自商至漢；形式多樣，有圓形、方形、扁形、瓠形，以及圓形帶流、圓形高足等。

盉，古代盛酒或水的器皿。其形狀多樣，一般是深腹、有蓋、前有流、三足或四足。商周盉多後有執鋬，或在盉口下兩側置貫耳；而春秋戰國時期盉上多設提梁，即所謂提梁盉。（圖 1-26）（圖 1-27）

瓿，盛酒或水的器皿。低體，斂口、廣肩、圓腹、圈足。盛行於商代。（圖 1-28）

勺，實為從盛酒器中取酒之器。一般作圓筒形，後有長柄，有的短柄中空，要安木柄使用。青銅勺多見於商代。

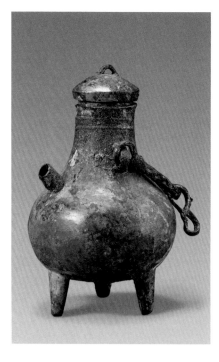

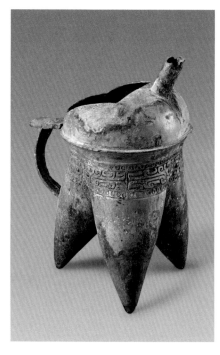

圖 1-26　商中期饕餮紋方口盉，1977 年北京平谷區劉家河出土，首都博物館藏

圖 1-27　商代三足盉，1977 年北京平谷區劉家河出土，首都博物館藏

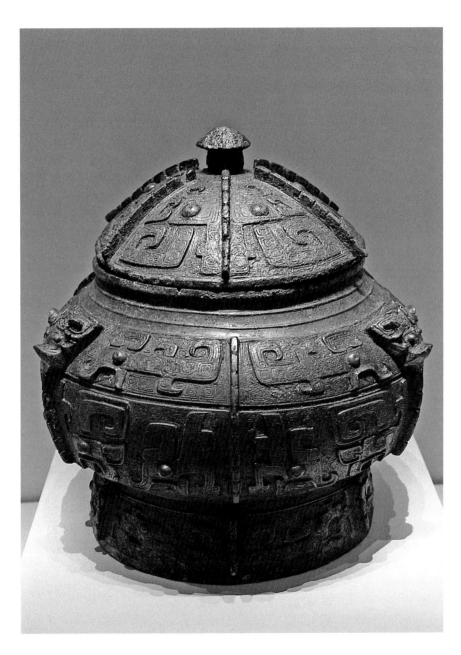

圖 1-28　商代青銅甗，1976 年河南安陽殷墟婦好墓出土，中
國國家博物館「古代中國陳列展」（孔蘭平／攝）

　　商代王和貴族在祭祀、宴饗前要先洗手，洗手時要由年長的人負責倒水，年少的人手捧青銅盤來承接水，這才符合禮儀，所以水器在青銅禮器中也佔有重要位置。商代水器有盤與盂。

　　盤，盛水器。多作圓形，高足。多裝飾有象徵水的動物圖案，如龍紋、龜紋、魚紋。（圖 1-29）

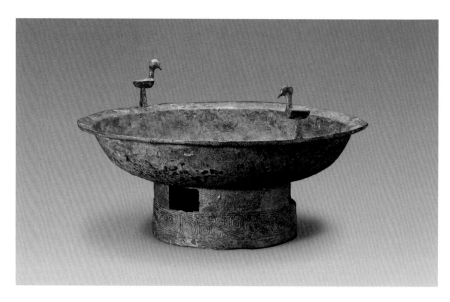

圖 1-29　鳥柱魚紋盤，商中期，1977 年北京平谷區
劉家河出土，首都博物館藏

　　盂，盛水或飯食器。一般大盂盛水，小盂盛飯。其狀似附耳簋，圓腹，侈口，二附耳，圈足。也有個別方盂。青銅盂出現於商代晚期和西周。

　　商代為穩固統治的需要，開始建立禮樂制度，以禮明序，定尊卑；以樂調節心靈，融和上下、群體關係。由此而生的禮樂器造就了高度發達的青銅文化。從商代的青銅樂器中，可以遙感當年禮儀的莊嚴與繁複。商代

的青銅樂器主要有繼承夏代的鈴和新創的鐃、鼓。

　　鈴，最早的青銅樂器。在河南偃師二里頭文化遺址中就已發現了單翼鈴。鈴常掛在旗上、車上和犬馬身上。鈴的形狀像鐘但體小，一般作平口或凹口，上有弓形紐，體內有舌。

　　鐃，最早的青銅打擊樂器。鐃的形狀似鈴而無舌，使用時執把，鐃口朝上，用槌敲擊。鐃以三件或五件為一組。南方出土的大鐃形體極大，只能固定在座上進行敲擊。（圖 1-30）大鐃具有南方地區特色，與成組的商鐃不是同一風格，盛行於商代晚期。（圖 1-31）

　　鼓，打擊樂器。鼓常用於樂舞、宴會及戰爭中。商周時期鼓多木質，銅

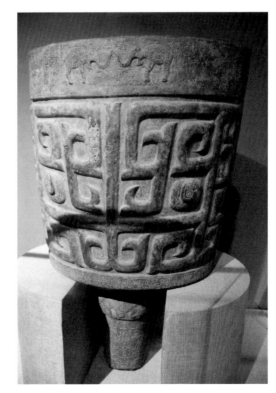

圖 1-30　商朝後期象紋大鐃，通高一百零三點五公分、重二百二十點五公斤，1983 年於湖南省寧鄉黃材鎮月山鄉轉耳侖出土，湖南省長沙市博物館藏（鷗戈／攝）

鐃是打擊樂器，主要用於軍旅和祭祀活動。這件象紋銅鐃是商代最大的青銅樂器，被譽為商代青銅樂器之王。

29

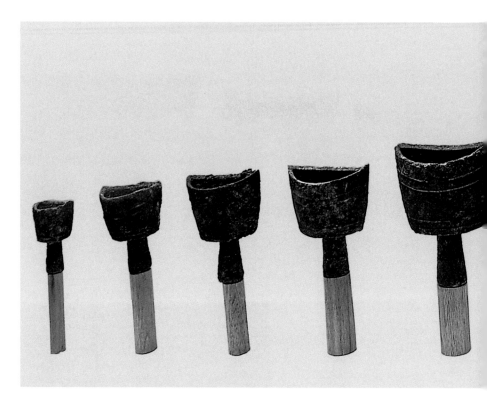

圖 1-31　商後期青銅編鐃，1976 年河南安陽殷墟
婦好墓出土，中國國家博物館「古代中國陳列展」
（孔蘭平／攝）

鼓目前發現屬於商代的僅有兩面，一面流落日本；另一面是一九七七年在湖
北崇陽新出土的。兩鼓的主要特徵是橫置的兩面鼓，有四足或矩形足。

　　商代青銅器鑄造工藝有了長足的進步，體積厚重、紋飾神秘莊重的青
銅器大量湧現，成爲了中國青銅文化最繁榮的時期。此時，器物種類進一
步增多，而且有造型多樣化的特點。紋飾內容豐富，變化更加突出，不但
流行通體滿花，絕大多數使用雲雷紋作爲地紋，以填充主題紋飾外的空間，
而且還出現了在圖案上重疊加花的所謂三層花，體現了當時青銅器富麗繁

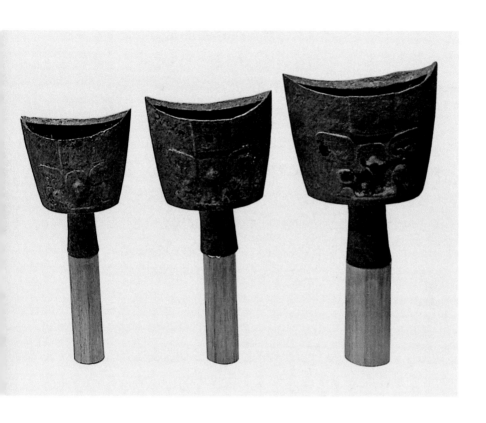

縟之風格。

　以四羊方尊為例。這件珍貴的大型盛酒器,氣勢雄偉,肩部裝飾的四隻高浮雕捲角羊頭,形象逼真。此尊是經過兩次鑄造而成的,先鑄尊體,並在肩部相應的位置上預留孔道,然後在孔道上再搭陶範,鑄製羊頭。合範法鑄造工藝,這時達到了很高的水準。四羊方尊腹部紋飾華麗,在雲雷紋地上有四組獸面紋,用誇張的手法突出了獸面上最能傳神的眼睛,極富神秘的色彩。繁縟與神秘,正是這一時期青銅器藝術的一個突出特點。

31

青銅器中有許多動物形的容器，可作立體雕塑觀賞，如象尊、犀尊、豕尊、羊尊等等。最常見的是鴞卣，卣像兩鴞相背而立。這一類青銅器，大多數飾有通體的複雜花紋。

　　此期青銅器紋飾中動物紋樣大大增加，最典型的是具有神秘色彩的饕餮紋（圖 1-32），其形狀多變，一般尾部下捲，鼻額突出，咧口利爪，巨目凝視，雄嚴謫奇。有的大幅饕餮紋紋體鼓起，曲角高聳，突出器外，配以浮雕龍、虎、羊首、鹿首和牛首等動物形象，峻挺方折、精湛無比；有的全身滿施饕餮紋，器體稜脊四起，深鏤細刻富麗堂皇。如亞丑方尊、亞丑方罍等，都是晚商青銅器中出類拔萃的精品。其他花紋還有夔紋、蟬紋、蠶紋、小鳥紋等。這些動物紋樣，少數是肖生的，更多的則是神話性的禽獸。（圖 1-33）（圖 1-34）

　　饕餮、夔等為突出代表的並不存在於現實世界的各種動物紋，當時被普遍應用，這顯然與商人尚鬼的宗教意識有關。獸面形的所謂饕餮紋，是當時巫術宗教儀典中的主要標誌，對該部族具有極為重要的神聖意義和保護功能。《呂氏春秋‧先識覽》中說：「周鼎著饕餮，有首無身，食人未咽，害及其身。」神話失傳，意已難解。但「吃人」的含意，卻是完全符合凶怪恐怖的饕餮形象的。它一方面是恐怖的化身，另一方面又是保護的神祇。它對異族、別的部落是威懼恐嚇的象徵，對本族、本部落則又具有保護的神力。所以說，饕餮紋是代表和展現了這個時代精神的青銅藝術。

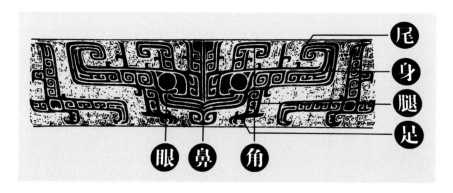

圖 1-32　商代青銅器饕餮紋（賀新鋒／攝）

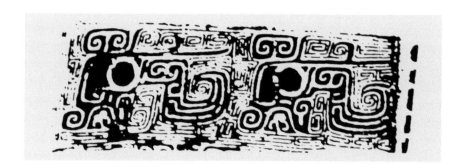

圖 1-33　商代青銅器夔龍紋（賀新鋒／攝）

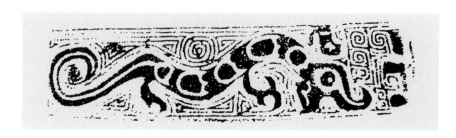

圖 1-34　商代青銅器龍紋（賀新鋒／攝）

▍青銅文明的溫床——商城

　　商代是中華文明生成期，正從漁獵文化向農業文化轉移。初期，商都曾十三次遷徙，最重要的原因就是當時還處在一種遊蕩的粗耕農業階段。商王盤庚遷殷後，由於農業進入了精耕階段，終於可久居一地了。農業較爲發達，形成固定邑，邑即爲城。許多早期文明都具有類似的特徵，以邑爲國的形式在古希臘發展爲城邦制。商王朝所統治的地區有許多邑，其中最大的邑爲都，都周圍不遠的地方，由王直接控制，即所謂「王畿」。（圖 1-35）

　　一九八五年在山西省南端的垣曲縣發現了商代早期的城址。城牆是以層層夯土修築的，四面城牆都有城門，西牆外有一條與牆平行的護城壕。城內發現了宮殿建築基址，城內東南部爲居民區，是平民進行生產與生活的主要活動區，大量的窖穴用於儲存物品，另有房屋基址、墓葬和人工挖製的排水溝。出土了大量陶器、石器、骨器等生活用具、生產用具。少量祭祀坑，埋有完整的豬骨，是商人舉行宗教祭祀活動後埋入的犧牲。發現的墓葬爲小型長方形豎穴土坑墓，有少量陶器和鼎、斝、爵等銅器，有的

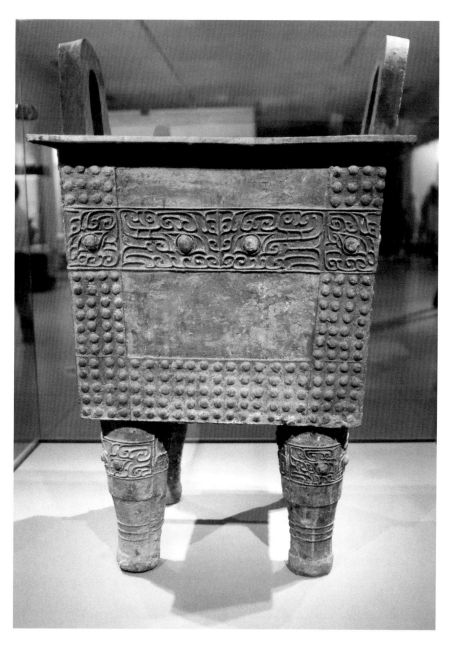

圖 1-35　商朝乳釘紋銅方鼎，通高一百公分、口長六十二點五公分、口寬六十一公分、重八十二點五五公斤，1974 年河南鄭州張寨南街出土。海南省博物館「國家寶藏精品展」（彭桐／攝）

還有殉人，可能是貴族墓葬。城址內西南部爲製陶手工業作坊區，發現了多座製陶窰址，多爲圓形豎穴窰，有窰室、窰箅、火膛和火門等。

一九八三年在河南偃師縣西發現了商代都城遺址。偃師商城外有郭城、內有宮城，宮城內發現了成片宮殿建築，宮殿群的北面有規模宏大、內涵豐富的祭祀場所，甚至還有人工挖掘、用石塊砌築的大型水池和溝通城外護城河的水渠，這也說明這裏絕非一般城池。城中的青銅器鑄造作坊遺址，以及出土的青銅斝、尊、戈、刀和玉器與大量的陶鬲、斝、大口尊等，更加豐富了城址文化內涵。凡此，顯示出偃師商城很可能是商湯滅夏之後創建的都城西亳。

一九五〇年在河南鄭州市發現了一座早於安陽殷墟的商代遺址，遺址佔地面積達二十五平方公里，規模宏大的都城位於遺址中部，四周是高築的夯土城牆。手工業作坊區、居民區、墓葬區都分佈在城外。手工業包括冶銅、製陶、製骨等作坊。城外的兩處銅器窖藏中，還出土了大量屬於王室的青銅禮器，其中杜嶺方鼎高一公尺，重八十六點四公斤，是目前發現的商代前期最大的青銅器。學術界有人認爲該城址是商代中期商王仲丁的隞都遺址。

一九二八年在河南安陽開始的考古發掘工作，證實商代後期都城遺址——殷墟位於今安陽西北的小屯村，橫跨洹河兩岸。殷墟是商代第一個文獻可考，並爲考古學和甲骨文所證實的都城遺址，自西元前一三〇〇年盤庚遷殷，到西元前一〇四六年帝辛亡國，經歷了盤庚、小辛、小乙、武丁、祖庚、祖甲、廩辛、康丁、武乙、文丁、帝乙、帝辛共八代十二位國王的統治。據《竹書紀年》記載：「自盤庚遷殷，至紂之滅，二百七十三年更不徙都。」這裏一直是中國商代後期的政治、經濟、文化、軍事中心。殷墟大致分爲宮殿區、王陵區、一般墓葬區、手工業作坊區、平民居住區和奴隸居住區。以宮殿宗廟建築和王陵大墓爲代表的商代建築，

樹立了中國古代早期宮殿建築和皇家墓葬的典範。值得一提的是，在石柱礎上發現了放置的銅躓。銅躓，呈扁圓形，有隔潮作用。銅躓的使用，也反映出商朝王宮的奢華和當時青銅冶鑄業的發達。在殷墟出土的十五萬片甲骨上，發現了目前中國文字體系最早的證據。以青銅器、玉器爲代表的殷墟文物和以人祭、人殉、車馬殉葬、獸祭等爲代表的殷墟喪葬習俗，爲商代晚期文化傳統提供了獨特的證據。

文明的標誌是：文字的出現、金屬工具的使用、宗教性禮儀中心和都邑城池的建立。從這幾方面對商代進行考察，得出有關文明進程情況的結論：一、在青銅器使用方面，偃師二里頭、湖北黃陂盤龍城、鄭州二里岡都有大量青銅器出土，說明青銅器已廣泛使用；二、殷墟大量的青銅器就是祭祀之器，宗教性禮儀中心和城市是一體的；三、文字使用，在殷墟的甲骨和青銅器上發現大量文字，已可辨認的有一千多個字，說明文字已經成熟；四、城市已經出現，西方學者把五千人以上規模和高築城樓作爲城市的標誌，而從考古發掘來看，宮殿基址陵墓、居住及手工業遺址則是中國古代城市的基本因素，殷墟的發現，從規模的特徵看，城市特徵很鮮明。

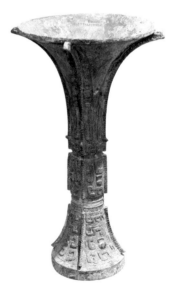

█ 事死如生──貴族墓葬中的青銅器

　　商代在中國古代厚葬史上,具有舉足輕重的地位,是中國厚葬史上出現的第一次高潮。商代族葬墓又分為「公墓」和「邦墓」,這兩種葬墓在墓地規模、形制和隨葬品方面有所不同。「公墓」是指埋葬國王、王室成員及奴隸主的墓地。它規模大,等級森嚴,由塚人負責掌管墓地的範圍、規劃及按宗法等級關係排定墓位。如河南安陽殷墟發現的殷商王陵區便屬「公墓」。「邦墓」是指埋葬普通平民、奴隸和個別小奴隸主的墓地。它規模小,由墓大夫掌管,也是按宗法關係實行的族葬。如殷墟的西區(圖 1-36)、大司空村(圖 1-37)和後岡等地便屬於「邦墓」。

圖 1-36　商代青銅子韋觚,河南安陽殷墟出土,河南安陽中國文字博物館(磊鳴／攝)

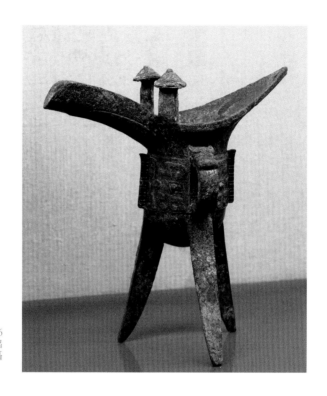

圖 1-37　商代青銅爵，1986
年河南安陽大司空村殷墓出
土，河南安陽殷墟博物苑（聶
鳴／攝）

通過這些墓葬，我們可以了解死者生前的生活、當時的社會制度、當時
的喪葬觀念及喪葬習俗。中國的考古工作者從一九二八年開始，先後發掘了
殷墟、鄭州商代遺址、盤龍城遺址等近二千座的商代墓葬，其中最具代表性
的是琉璃閣商墓、武官村大墓、侯家莊商王陵區和婦好墓，它們大多屬於商
代的中晚期墓群和大墓。從發掘的這些墓葬中，能勾畫出商代墓葬形式大致
輪廓的要數婦好墓和武官村大墓。

一九七六年在河南省安陽市小屯村西北發掘的婦好墓，是殷墟歷次
考古發掘中影響最大、成果最多、保存最完整的王室墓。墓葬共出土文物
一千九百二十八件，其中青銅器四百六十八件。墓葬中的青銅器工藝精湛，
種類繁多，有食器、酒器、水器、武器等，數量超過了殷墟歷年出土的青銅

器總和，且多大型重器和造型新穎別致的器物。如鴞尊（圖 1-38）、圈足觥，造型美觀，花紋繁縟；三聯甗、偶方彝可說是首次問世。另外，墓中出土的玉器共有七百五十五件，它們造型奇特秀美，琢製細膩流暢，代表了商代琢玉和拋光技術的最高水準。

婦好墓器物上的銘文成爲判斷墓主人身份的依據，墓中有銘文的銅禮器一百九十件，其中鑄「婦好」銘文的共一百零九件。甲骨卜辭上也有關於「婦好」的記載，據郭沫若先生考證，婦好是一位女子名，她是商王武丁的配偶

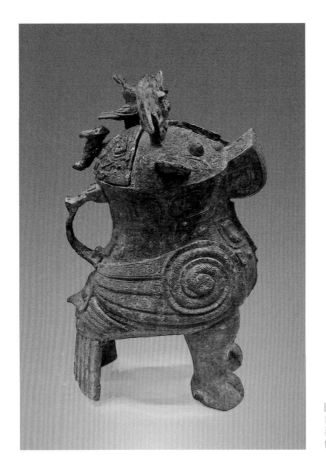

圖 1-38　商代「婦好」鴞尊，1976 年河南安陽殷墟婦好墓出土，中國國家博物館「古代中國陳列展」(孔蘭平／攝)

之一。武丁是商代的盛世之君，婦好備受武丁寵愛，主管國家軍事。甲骨文記載，婦好多次帶兵出征，最多的一次率兵一萬三千多人，統領商軍兵力的半數。婦好是中國有史可考的最早的女將軍。墓中出土的青銅大鉞，做工精細，形式威猛，兩面飾有虎食人圖案，此鉞是軍事統帥的象徵。

婦好墓如此多的隨葬品，是時人爲婦好所做的精心安排，事死如生，希望婦好死後在陰間過著與生前一樣的生活，享受一樣的社會地位。出土的這些三千年前美輪美奐的青銅藝術品，在考古學和歷史學上有著非常高的地位。禮器群的類別和組合，是研究商代禮制的重要資料。

武官村大墓位於河南省安陽市西北的洹水北岸商王陵區。據考古工作者研究，它是迄今發現商代墓葬規模最大的一座。該墓是一座「中」字形的地下墓坑，墓室平面爲長方形，上口南北長十四公尺，東西寬十二公尺，墓底距地表七點二公尺，面積一百六十八平方公尺。墓室的下部又套有一層槨室，槨室是放置棺槨的地方，長六點三公尺，寬五點二公尺，深二點五公尺，四壁用原木交叉成「井」字形向上疊築。槨底和槨頂也都用原木鋪蓋。整個槨室可以說是用原木疊成的六面體。由上往下俯瞰，墓室和槨室相套，上層爲墓室，下層爲槨室。在其交口處，四周形成土台，是殉葬者葬身之處。東側殉葬有十七人，均爲男性，可能是墓主生前的臣僚。西側殉葬二十四人，均爲女性，可能是墓主生前的妻妾。墓室兩邊沿南北方向延伸出兩條墓道，與墓室平面形成「中」字形。墓道長十五公尺，寬五點二公尺，傾斜直至槨室入口處。南北墓道裏還各有殉馬坑和殉人坑。武官村大墓因早年被盜和破壞，已無法判斷所葬墓主的身份，但根據武官村大墓的形制及同時期墓葬的考古學資料推測，此墓爲商代統治者最高規格的墓葬，且墓中原本應有大量陪葬青銅器物。

▌ 漢字初成

　　文字的產生是人類進入文明階段的重要標誌，也是中國青銅文化有別於世界其他民族青銅文化的另一突出特徵。

　　青銅時代的文字已發現的主要有兩種：一是甲骨文；二是金文。

　　殷墟出土的十五萬片甲骨上，有單字四千五百多個，可識字約一千五百個。甲骨文是已知最早的漢字。商代的政治、宗教色彩很濃。商人的一切行為都要靠神來安排。為了解神意，必須占卜。商王依靠占卜獲得神意來統治。

　　殷商占卜使用龜甲或牛之類的獸骨。龜甲很少用背甲，一般使用側腹甲；獸骨多半用牛的肩胛骨。關於占卜方法，首先要把龜甲或者卜骨修整好，然後在背面挖凹槽，再將燃燒的木頭抵緊凹槽。經過迅速加熱，龜甲或卜骨表面就會產生許多線狀裂紋，占卜結果就依靠這些裂紋來判斷。

　　殷人往往把何時、什麼人、問卜何事等，用文字刻在占卜後的龜甲或獸骨上，有時還將根據裂紋所做出的吉凶判斷也刻在上面。記錄這類事情的文字就叫作「甲骨文」。而記錄於甲骨的主要是占卜的內容與結果，所以

這類文句又叫「卜辭」。由於龜甲和獸骨非常堅硬，所以用青銅鑽在上面刻字。青銅鑽呈菱形柱狀，下端爲圓弧形刃。一九五二年在河南鄭州二里岡發現的商代中期的青銅鑽（圖 1-39）與同出的牛卜骨上的圓鑽孔正好相合。殷墟還發現了一些用墨或者朱砂寫的甲骨文，說明當時已經有用筆書寫文字了。

甲骨卜辭的格式規範，用詞也很簡潔，記錄的所卜問的事情完整。甲骨文是我們研究商代史的第一手資料。

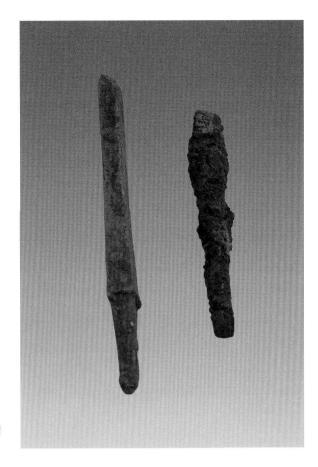

圖 1-39　商代青銅鑽，河南
鄭州博物館藏（聶鳴／攝）

甲骨文能完整地記錄語言，是具有一定體系和有較嚴密規律的文字。在漢字的發展中，甲骨文有著重要的地位。與後來的漢字相比，甲骨文還有其獨有的特點，表現出一定的原始性：一、字的結構不大固定，一個字既可正寫又可反書。偏旁可左右移動。二、異字同形，如山與火為同一形體。三、甲骨文中合文比較普遍，即把兩個或三個字刻在一起，在行款上只佔一個字的位置。

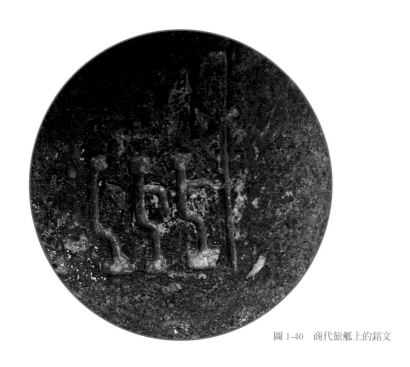

圖 1-40　商代旅舷上的銘文

受甲骨文的影響，商代開始在一些重要的青銅禮樂器和兵器上加鑄銘文。由於古人將銅稱為「金」，青銅器銘文中的「易（賜）金」，實際上就是賞賜銅；所以，青銅器上的文字又稱「金文」。《殷周金文集成》一書，是目前收錄古今中外金文資料較為詳備的著作。它著錄先秦有銘青銅器近一萬

二千件。據一九八五年版《金文編》統計，先秦金文單字有三千七百七十二個，已識字二千四百二十個，未識字一千三百五十二個。商代金文的書體為「畫中肥而首尾出鋒」的波磔體，有些字體結構尚未脫離圖形文字的形態。邲其三卣銘文記述了帝辛時期的賞賜、祭祀等內容，它們是商代金文最長的幾件青銅器。

此期有銘青銅器的多數銘文還都極為簡短，有的僅有一個象形性很強的字，有的由幾個象形的字構成一個短語。這類銘文雖少有文例比附，但多數可以在甲骨文方國名、地名、人名中找到同形字，其中被學者釋讀的則多是文獻中的古國名或家族名。字數較多的族名，一般是可以分出方國、家族、私名等幾個層次的。此外，也有一小部分這類銘文是表示該銅器的方位、功能，或是八卦符號等，並不屬於上述內容範圍。族名金文最早出現在商代前期，多數屬商代後期到西周早期，西周中晚期至春秋時期仍有少數殘存。它從一個側面反映了當時社會組織結構的真實狀況。（圖1-40）

禮立東方

中國青銅器

2

藏禮於器

——西周青銅文化

▍導言

　　商朝的統治最終在社會矛盾浪潮的衝擊下崩潰，被在西方興起的周朝所取代。西元前十一世紀中葉，周武王率領周族軍隊，並聯合了庸、蜀、羌等八個四方小國，發動了滅商的征伐戰爭。周聯軍先渡過了孟津，在商郊外牧野佈陣，與商紂王率領的大軍決戰。商軍雖然人數上佔了優勢，但人心渙散，抵擋不住周聯軍的進攻，很多人陣前倒戈，轉過身去攻擊商軍。部分軍隊的陣前起義，使商紂王的軍隊潰敗，血流成河。商紂王自殺後，被周武王用象徵刑法和權力的青銅鉞梟首示眾，青銅九鼎也被周軍移往周都，至此商王朝滅亡。中國歷史上第三個奴隸制王朝──周朝建立。自西元前一〇四五年周武王建國至西元前七七一年周平王東遷這一段時期，史稱西周。

　　西周建國以後，為了鞏固新生的政權，採取有效的政治和軍事措施。首先大規模地分封同姓及異姓諸侯；另外，針對商人舊部的反叛和東方諸國的侵擾，發兵東征，徹底平定了三監及武庚之亂，同時消滅了殷、東、徐、熊、盈、攸、奄、九夷、豐、蒲姑、淮夷等參加叛亂的五十多個小國。

為了徹底消除商朝殘餘勢力對周朝的威脅，周公還營建了東都雒邑（成周）。同時封投降周朝的商朝貴族微子啓於宋（今河南省商丘市），建立宋國；封周武王少弟康叔於朝歌，建立衛國；封周公長子伯禽於奄國舊地，建立魯國，分治商朝遺民。東征使周朝的影響達到東海之濱，建立了比商代版圖更大的國家。

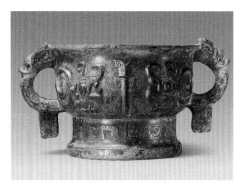

圖 2-1　西周早期青銅簋

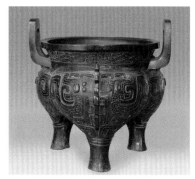

圖 2-2　西周中期青銅鬲

　　西周還特別重視禮制建設。從金文記載的內容看，大概在穆王前後，一系列祭祀、軍事、饗宴、相見等禮儀制度逐漸形成，並成為當時貴族等級制度的嚴格規範，即後世所謂的「周禮」。由於青銅器在西周諸禮儀中的標示作用，周人形成「藏禮於器」的制度。因而，此時組合有序的青銅器又被稱為「禮器」。孔子曰：「唯器與名，不可以假人。」青銅器被賦予「明貴賤、別等列」的作用，其佔有狀況已成為貴族身份和地位的象徵。（圖 2-1）（圖 2-2）

　　此時，青銅器工藝的中心也隨之轉移到西周建都的陝西關中地區。青銅武器與車馬器有了新的發展。

▌ 尊祖敬宗，鐘鳴鼎食

西周時期青銅冶鑄工藝技術的成就，展現了西周時期生產力發展和藝術發展的水準。它全面繼承了殷商時期的冶鑄工藝技術，在渾鑄法、分鑄法廣泛應用的基礎上，發明了活塊模、活塊範、一模多範和開槽下芯法製作鑄型，以及採用鑄鉚和「自鎖」結構連接器物附件的新工藝；另外，考古工作者還在洛陽西周早中期的鑄銅遺址中，發現有用塊狀土坯砌成的大型熔銅豎爐和陶質鼓風嘴，說明此時已採用皮製的橐進行鼓風。這些都提高了青銅冶鑄的品質和數量，把中國青銅器藝術推向了一個新的發展階段。

在青銅冶鑄業進一步發展的同時，由於社會政治原因，西周的青銅禮器的種類發生了明顯的改變，體現了「重食組合」的特點，出現了大量的食器，如鼎、簋、簠（fǔ）、盨（xǔ）等。周人在總結商朝的滅亡教訓時，把原因主要歸咎於商人過度酗酒，故建國之初就明令禁酒，造成青銅酒器的種類與數量大大減少，尤其是飲酒器爵、角、觚、觶、斝及盛酒器觥、尊、卣、方彝等大爲減少，西周中期以後已經停止使用。

西周建立了一套嚴密的禮樂制度，人們衣、食、住、行的一切舉動，

幾乎都必須按其規定才能進行。它實際是一套不成文的法則。這其中，用
鼎制度佔有核心位置。用鼎制度也稱爲列鼎制度，用以代表使用者的身份
等級。列鼎是鼎的陳列形式，奴隸主貴族在祭祀、宴饗、喪葬等禮儀活動
中，要將形制和紋飾相同，而尺寸大小依次遞減或相同的成組的奇數的鼎
展示使用，以表明身份。據《春秋·公羊傳·桓公二年》注：「禮祭，天
子九鼎，諸侯七，卿大夫五，元士三也。」西周時期各鼎所盛的肉食也有
嚴格規定，《儀禮·聘禮》記載，九鼎的第一個鼎盛牛，稱爲太牢，第二
鼎至第九鼎依次盛放羊、豕（豬）、魚、臘（乾肉）、腸胃、膚、鮮魚和鮮臘。
七鼎所盛則去掉了末尾的鮮魚和鮮臘，也稱太牢。五鼎，其第一鼎盛羊，
稱爲少牢，第二鼎至第五鼎依次盛豕、魚、臘、腸胃或膚。三鼎，前二鼎
依次盛豕、魚，稱爲「牲」，第三鼎盛放臘或羊。以上的列鼎稱爲正鼎，由

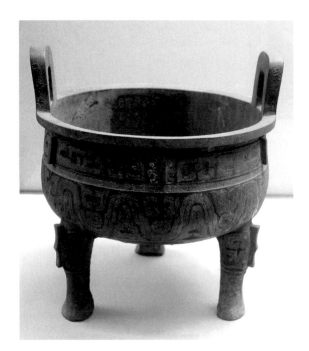

圖 2-3　西周晚期的小克鼎，
清光緒十六年（1890 年）陝西
扶風縣法門寺任村出土，故
宮博物院藏（李軍朝／攝）

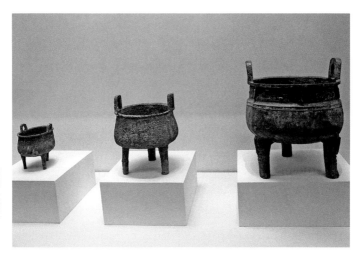

圖 2-4　西周長由鼎，於 1954 年陝西長安普渡村長由墓出土，中國國家博物館「古代中國陳列展」（孔蘭平／攝）

於正鼎所盛肉羹淡而無味，還增加了加饌之鼎——陪鼎，即羞鼎。鼎內專門盛放用菜調和牲肉並加芡的羹。

另外，除鼎以外，其他各種禮樂器也大都有其使用制度。其中，以鼎與簋的相配制度最為明確，因為這兩種禮器，其一盛置牲肉，另一盛置黍稷，都是當時食物之主，自然就把這二者作為標誌貴族等級的主要禮器。根據文獻記載與考古發現，奇數的鼎還要用偶數的簋來配合使用。即九鼎用八簋相配，七鼎用六簋相配，五鼎用四簋相配，三鼎用二簋相配。

從考古發現來看西周用鼎制度，目前只有太牢七鼎、少牢五鼎、牲三鼎三類。西周時期的王陵尚未發現。清光緒十六年（一八九〇年）陝西扶風縣法門寺任村出土的有西周晚期列鼎一套七件，墓主克的官職為膳夫，地位約當周王之卿，正合七鼎之制。（圖 2-3）此外，陝西寶雞茹家莊西周早期弪伯墓及兩夫人墓均出土五件列鼎及四件簋；陝西長安普渡村長由墓出土西周穆王時期三件列牲鼎（圖 2-4）、二件簋，同出還有一件羞鼎。這些都是西周時期列鼎制度的實物遺存。

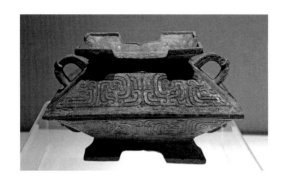

圖 2-5　西周末期至春秋初期（西元前 8 世紀）象首紋簠，首都博物館展品（孔蘭平／攝）

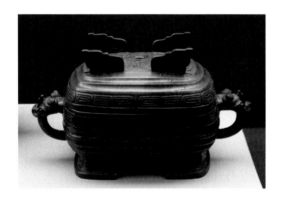

圖 2-6　西周善叔盨，河南三門峽虢國墓出土，首都博物館「考古與發現展」（磊鳴／攝）

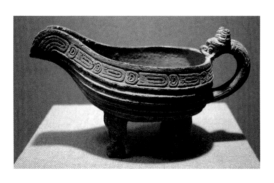

圖 2-7　西周晚期青銅匜，1977 年湖北棗陽資山徵集，湖北省襄樊博物館第二展廳（楊興斌／攝）

西周王朝爲了彌補酒器減少而出現的禮器品種的不足，創製了一些新器物。有簠（圖 2-5）、盨（圖 2-6）和匜（圖 2-7）。簠、盨與簋功能一致，都爲盛放黍、稷、稻、粱的食器， 簠爲長方形，盨爲橢圓形。簠使用時間長，沿用至戰國，盨只流行於西周中晚期。青銅匜是西周中期才出現的新水器，主要流行於西周晚期至戰國，它的特徵是：前有澆水流，後有鋬，下四足、三足或圈足，也有無足的。盥洗時用來澆水，與盤配合使用。

鐘樂在西周時期有了飛躍的發展，周人的祭祀、饗宴、大射、軍旅諸禮中，都要用到青銅編鐘。一套完善的鐘樂制度，最終在西周時期告成。這是西周時期青銅冶鑄技術與音樂達到一定水準的產物。青銅編鐘按其形制， 主要分

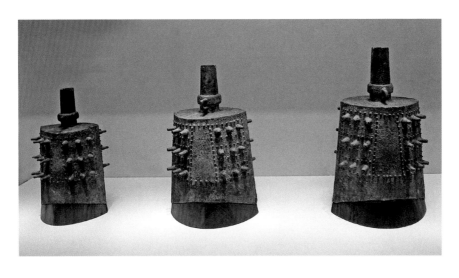

圖 2-8　西周周穆王時期長由編鐘，1954 年陝西長安普渡村長由墓
出土，中國國家博物館「古代中國陳列展」（孔蘭平／攝）

爲鎛、甬鐘和紐鐘三種。鐘是懸掛起來、用木槌，也可用木棒敲擊或撞擊
的樂器，是中國古代金石之樂的主體。從形制上來說，鐘頂上有圓柱狀甬
的被稱爲甬鐘，用來側懸；鐘頂有半環形紐的稱爲紐鐘，用來直懸；鐘頂
爲扁平獸形紐、下端爲平口的稱爲鎛，亦爲直懸。甬鐘各部分皆有專名。
甬頂稱爲衡，甬中下部外弧有紐之處稱爲旋，紐稱爲幹。鐘體頂部稱爲舞，
上部謂之鉦，下部謂之鼓。鉦部的鐘乳稱爲枚，枚端稱爲景。鐘乳之間的
花紋帶稱爲篆。鐘的正中部位亦稱爲鉦。鼓部下端兩角稱爲銑，中部稱爲
于。鼓內部爲調音而製出的凹槽稱爲隧。編鐘大小相次、成組懸掛使用；
而單獨懸掛使用的鐘稱爲特鐘。例如一九五四年在陝西長安普渡村西周中
期長由墓出土了三件一組的編鐘，形制古樸端莊，是已知較早較完備的一
套編鐘（圖 2-8）；一九六〇年陝西扶風縣齊家村出土的西周晚期的柞鐘八件
一組（圖 2-9）。一般每個鐘可以發出兩個樂音，鼓部正中發一個音（正鼓音），

53

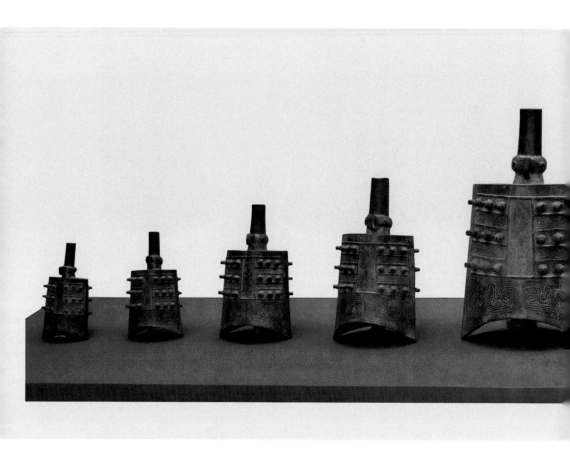

圖 2-9　西周編鐘，陝西扶風縣齊家村出土，北京大
鐘寺古鐘博物館藏（李鷹／攝）

側（右）鼓部又發一個音（側鼓音），大多高於正鼓音二度，即其音程關係
以小三度居多。例如柞鐘第三件，正鼓音爲角，側鼓音爲徵。上海博物館
收藏的周厲王時期晉侯穌編鐘十六件兩組，分爲兩類器形：第一類爲大鐘，
紋飾淺而細，兩銑較斜，有旋無幹；第二類爲中小型鐘，紋飾深而闊，兩
銑稍斜，有旋有幹。其兩組十六件鐘的銘文，合爲全篇銘文，銘文是刻鑿

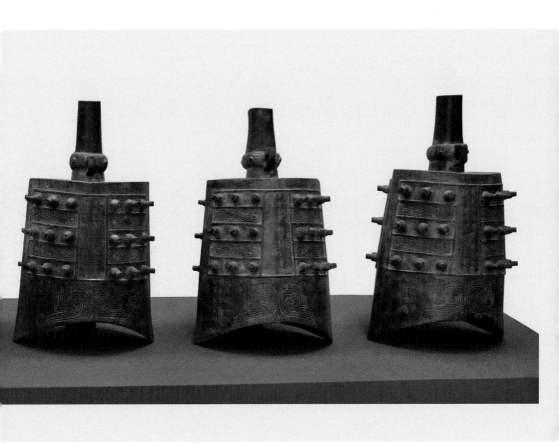

的，西周青銅編鐘銘文以利器刻鑿，以此為首例。晉侯穌編鐘展示了一條西周甬鐘演變成形的典型軌跡，對於探討西周青銅編鐘的形制、音律與懸掛制度等有重要意義。鐘出現以後，「鐘鳴鼎食」是青銅時代貴族生活的寫照，演奏編鐘數量的多少象徵使用者的身份。

▍西周青銅禮器的形式魅力

　　我們可以把西周青銅器分爲早、中、晚三個時期。早期指武、成、康、昭四王大約六十年的時間；中期指穆、恭、懿、孝、夷五王所在的百餘年；晚期指厲王、共和、宣王、幽王在位的近百年時間。

　　西周早期青銅器總體上繼承了商代後期凝重典雅的風格，同時在器類和造型設計上又有了新的增損和改進，形成了自己的特色。方座簋、四耳簋、曲壁方彝、刀形寬足爵以及鉤戟等是新出現的形制。康昭時期，鼎的下腹向外傾垂，最大腹徑不在鼎腹中部，而在下部。這種形式上的變化，也表現在同時期的尊、卣、簋等類器物上。卣蓋左右兩邊出現直立的「犄角」，盤也在此時出現雙耳。裝飾方面，獸面紋、夔紋、不分尾鳥紋等動物紋飾仍佔主導地位。此期仍應爲青銅時代的鼎盛時期。（圖 2-10）（圖 2-11）

　　周朝的統治在武王、成王兩代奠定了基礎，康王時進一步得到鞏固。昭王南征，遭到嚴重挫折，穆王力圖擴大王朝影響的行動也未取得預期效果。此後西周中期的幾個王，只能處於守成的局面，這種由盛而衰的變化，在青銅器上也有反映。穆王時期開始，青銅器紋飾漸趨簡樸，帶狀花紋又

流行起來。紋飾以大小分尾鳥紋、顧首夔紋、竊曲紋為主。早期常見的蟬紋、蠶紋、象紋等寫實的動物紋樣已經絕跡,複雜的饕餮紋變得渾樸簡小,所刻位置由器物的主體退居到足部。此期出現盨、簠、匜、編鐘等新器類。同時,許多器物的形制在原來的基礎上有了許多改革。如鼎足的根部發達起來,獸足最為流行;鼎的腹部變得更淺,出現像師趛(jīn)鬲那樣的新式鬲鼎型。侈口垂腹雙耳簋雖在流行,但多加蓋。同時出現了像豆閉簋那樣的弇口獸首銜環耳,低體寬腹。酒器的減少也是這時的突出特徵。《尚書·酒誥》記載,周人鑒於商朝統治階層酗酒亡國,對飲酒設立了種種限制,以糾正社會風氣。西周的酒器的確比商代少,商代常見的爵、觚、尊、方

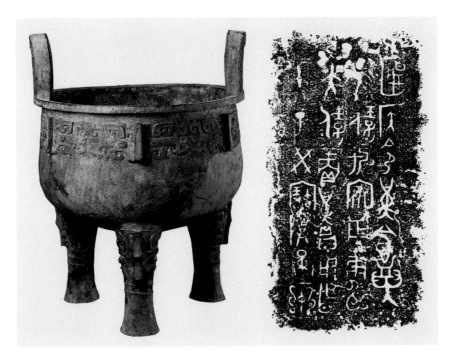

圖 2-10　西周早期堇鼎,1974 年北京房山區琉璃河
出土,首都博物館藏

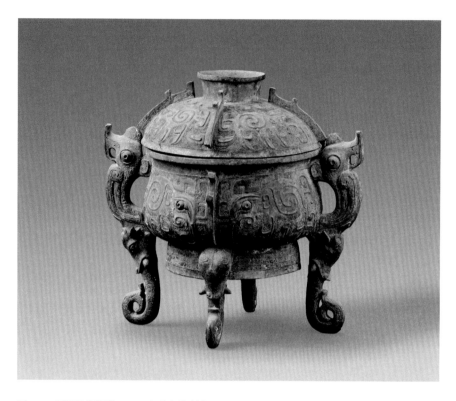

圖 2-11　西周早期伯簋，1974 年北京房山區
琉璃河出土，首都博物館藏

彝等酒器在西周早期還多爲出現，中期後竟一起走向消失。此期銘文體波
磔漸少，結構趨於疏散。

　　西周晚期，周朝內外交困，雖有宣王中興，仍不能挽回頹勢。此期青
銅器的造型和花紋設計，趨於定型化。鼎的典型式樣是直耳圓底，足呈中
間細兩頭粗的馬蹄形，最具代表性的是宣王時期的頌鼎。簋的形制幾乎千
篇一律，弇口鼓腹，下承三附足，腹作瓦紋，只是簋蓋稍有變化而已。鬲
多爲平襠束頸，口沿平向外折，和足對應的腹壁各有一道扉稜。編鐘出現
較普遍，兵器數量增多。戈的援部有的變短，前鋒多呈等腰三角形。

青銅器花紋經歷了西周中期劇烈的變形過程，到晚期流行的花紋以重環、瓦紋、環帶紋爲主，其次是弦紋、鱗紋、蟠龍紋和進一步簡化與變形的竊曲紋。竊曲紋，大多由雙線構成 S 形或 C 形圖案，中間常有目形紋。環帶紋，中間爲波浪起伏的寬帶，上下填以角形或口形紋。重環紋，由一端圓弧的長方形組成兩重或三重的環形圖案，大多左右排列成行。鱗紋，形似魚鱗，大多上下重疊組成圖案。

西周青銅器的珍貴價值，還突出表現在銘文上。西周是金文的最盛期，銘文在百字以上者屢見不鮮，有的可達近五百字，多記載重大歷史事件，如對淮夷和玁狁的戰爭，土地糾紛、法律訴訟和賞賜冊命等，其內容多可與《詩經》、《尙書》等古文獻相比附，爲研究西周歷史提供了大量的第一手的珍貴資料。下面舉例予以說明。

一、祭祀頌祖

記述周王舉行的祭祀典禮。《左傳・成公十二年》劉康公說：「國之大事，在祀與戎。」可見祭祀在當時的國家生活中佔有何等重要的位置。這裏所說的祭祀不僅包括了因襲商人的祭辭部分，有的爲了突出祭祀活動還詳加敘述了典禮的全過程。例如現藏於中國國家博物館的天亡簋，其銘文記述周武王滅商後在「天室」舉行祭祀大典，祭告其父周文王，並取代商王的地位來祭祀天上神帝。作器者天亡襄助武王舉行儀式，祭祀典禮之後，武王舉行盛大的宴饗，天亡受賞賜，鑄造這件簋來銘記榮寵。

還有一些銘文的內容，重點歌頌祖先的功業，而鑄銘於祖先所作的祭器上，以便子孫後世永遠銘記，如牆盤（圖 2-12）（圖 2-13）、宗周鐘等都屬於這一類。於一九七六年陝西扶風莊白村出土的西周恭王時期的牆盤，內底鑄有銘文二百八十四字，是銅盤銘文最長的一篇，銘文前段追述周初文、武、成、康、昭、穆各王的功業；後段記載微氏家族的發展史，爲研究周初歷史提供了可靠的根據。厲王時的宗周鐘（現藏於台北「故宮博物院」）

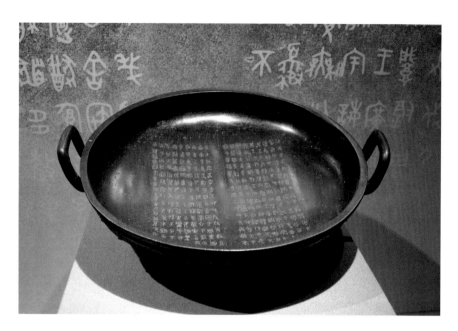

圖 2-12　西周恭王時期牆盤，1967 年於陝西扶風莊白村出土，陝西省周原博物館藏。通高十六點八公分，口徑四十七點二公分，深八點六公分，重十二點五公斤（孫同超／攝）

史牆盤是西周微氏家族中一位名叫牆的人，為紀念其先祖而作的銅盤，因作器者牆為史官而得此名。

圖 2-13　西周牆盤內底部銘文

西周牆盤內底部刻有十八行銘文，共二百八十四字，銘文前半部分頌揚西周文王至穆王的重要政績，後半部分記述牆所屬的微氏家族的家史。史牆盤為我們研究西周的歷史、政治制度、社會經濟等，提供了重要的史料。盤銘也是一篇很漂亮的書法作品，其文體愛用簡明整齊的四字句式，這是已知時代最早的帶有較明顯駢文風格的銘文作品。

是單件鐘中銘文最長的,共一百二十三字,記錄了厲王親征南國,令南夷、東夷凡二十六邦來朝臣服之戰功,並以祀上帝百神與祖考先王,祈求降福長壽,永保天下。

二、征伐平叛

征伐和祭祀同樣是國家中的大事,所以涉及這方面的銅器銘文相當多。

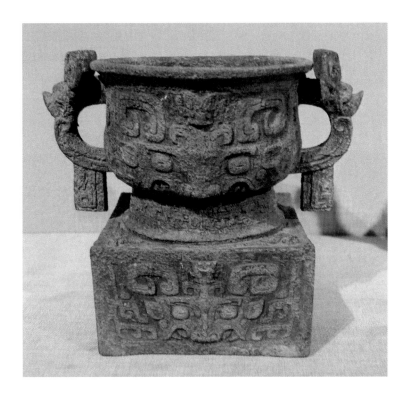

圖 2-14　西周武王時期利簋,高三十二公分,1976 年於陝西臨潼縣出土,中國國家博物館藏(鷗戈／攝)

簋,主要用於放置煮熟的飯食,多用作禮器。利簋腹內底部鑄銘文四行三十二字,銘文記載了武王伐商的史實。這是目前發現時代最早的西周青銅器,也是西周初年金文中敘述武王伐商的唯一珍貴史料。

例如一九七六年出土於陝西臨潼縣的利簋（圖 2-14）銘文記錄了牧野之戰的線索。銘文中，講到牧野之戰當天，周武王大破商軍，八天之後，周武王在軍隊的駐紮地，賞賜銅料給在戰鬥中英勇無畏的將士，其中的一份銅料發給了當時的有司（當時的官職）——利。利得到賞賜覺得非常榮耀，於是，將周武王賞賜給他的銅料鑄造了一件銅簋，作爲永世紀念的寶器。由於這件青銅簋是利所鑄造，所以人們就稱它爲利簋，同時，利簋也見證著武王征商伐紂的重大歷史事件，所以它也被稱作「武王征商簋」。

又如，清代道光年間陝西寶雞出土的虢季子白盤（圖 2-15），爲傳世體積最大的西周時代青銅器，長一百三十二點二公分，寬八十二點七公分，高四十一點三公分。內底鑄有長篇銘文一百一十一字，文辭優雅，韻調齊整。

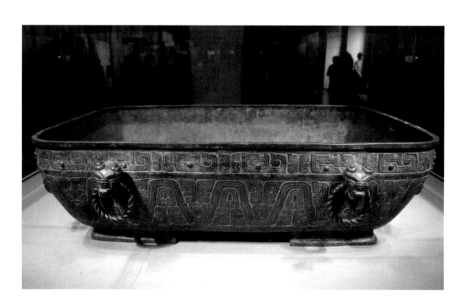

圖 2-15　西周虢季子白盤，西周宣王十二年（西元前816 年），清道光年間陝西寶雞虢川司出土。2009 年 4月 19 日，中國國家博物館「典藏精品（海南）展」展品，海南省博物館藏（楊興斌／攝）

記載虢季子白奉王命征伐西北獫狁族（獫狁為匈奴的前身）後在周廟受賞的情況。

三、分封諸侯

如一九三二年河南浚縣辛村出土的西周成王時期的沫司徒簋，其上銘文記載的內容與《史記・衛康叔世家》相合，證實了周成王時，因商紂之子武庚起兵反周，周公再次征伐商邑，殺武庚。為了鞏固統治，將康叔分封到黃河與淇水之間的商人故地為衛侯，管理商遺民。

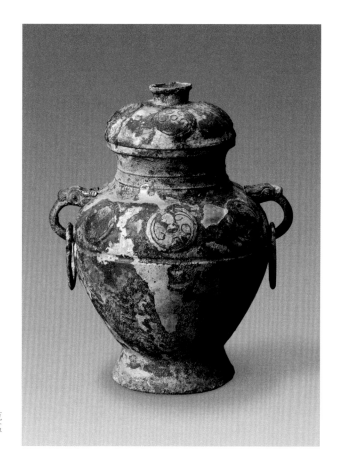

圖 2-16 西周早期克罍，1986 年北京房山區琉璃河鄉黃土坡村出土

又如一九八六年北京房山琉璃河西周初期大墓出土的克盉與克罍（圖 2-16）。兩器均鑄有銘文四十三字，內容相同，記載了周王「令克侯於燕」。經研究，克是太保召公的長子，是第一代燕侯。銘文印證了《史記‧燕召公世家》中「周武王之滅紂，封召公於北燕」的史實。

再如一九五四年江蘇丹徒煙墩山出土的西周康王時期的宜侯夨（cè）簋，腹內底鑄有銘文一百二十餘字，記載了康王將虞侯夨改封於宜，賜給土地及人民，並提供了周初分封時「授民授疆土」的具體資料，可與《詩經‧魯頌‧閟宮》中的「乃命魯公，俾侯於東，錫之山川，土田附庸」相互參證。

四、冊命訓誥

冊命是西周的一項重要禮儀制度，起源於周初武、成、康三次對諸侯大臣的封賞。冊命文可歸納為：時間、地點、儐相及受命者、冊命、賞賜、答謝、作器、祝願詞等所謂常見的格式，其實這種格式只適用於一般官吏，對於重要的官職還應包括訓誥、告廟、授民授疆土（或較貴重的賞賜物）等極為重要的內容。

記述周王對臣下的冊命典禮的西周青銅器銘文數量較多，例如中國國家博物館收藏的西周晚期的頌壺（圖 2-17），其銘文共一百五十一字，記錄了頌接受周王冊命掌管成周倉庫這一職務的過程。而這件壺則是典禮完成後，頌為頌揚天子的美意，及榮耀先父母龔叔、龔姒，表達未盡的孝思，並祈求家國康樂大福、周王萬年長命而作。銘文為研究西周的禮制及官制提供了重要資料。

一九六三年於陝西寶雞賈村出土的西周成王時期的何尊，腹內底鑄有銘文一百二十二字。內容記述了周成王在成周京室一次祭典上，對周王宗室子弟的訓誥，以及周成王繼承了武王的遺志，營建了成周的史實。所記與《逸周書‧度邑篇》等古代文獻記載相合，對西周歷史的研究也具有重大的意義。

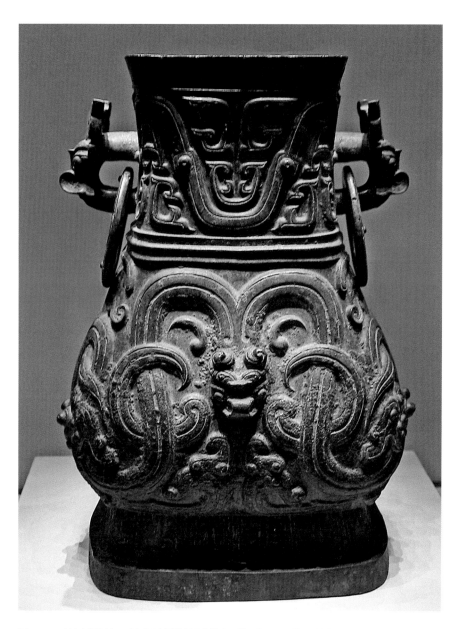

圖 2-17　西周晚期頌壺，中國國家博物館「古代中國陳列展」(孔蘭平／攝)

此器頸內壁鑄銘文較詳細地記錄了周王冊命頌之事，其冊命儀式的完整過程
可與《周禮》、《左傳》等典籍中的有關記載相互印證。

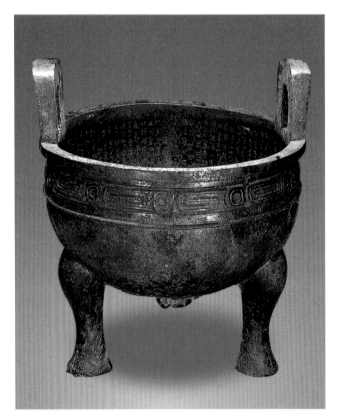

圖2-18　西周毛公鼎，清道光末年在陝西省岐山縣出土，現存於台北「故宮博物院」（孫同超／攝）

　　記載周王訓誥臣下的銘文，還有現藏於台北故宮博物院的西周宣王時期的毛公鼎（圖2-18）。器內鑄有銘文四百九十九字，這是中國古代青銅器銘文中最長者。其內容記載周宣王即位之初，思慮振興朝政，乃請叔父毛公為其治理國家內外的大小政務，在冊命毛公時，對毛公的訓誥。其中談到當時西周社會已是四方動盪，為了挽救周王室的危機，要求毛公率領下屬官員，勤勞政事，不要沉湎於酒，不要侮辱鰥寡，而要努力輔弼王位。最後頒贈命服厚賜，毛公因而鑄鼎傳示子孫。

五、要盟約劑

記錄貴族間發生的土地、人事等糾紛，經王室派員調解裁斷、訂立盟誓的經過，以傳示子孫後代。

如清代陝西出土的西周中期的留鼎的銘文記載了西周人口買賣情況，銘文大意爲：最初議定五個人的價值爲一匹馬加一束絲，但最後以一百鋝銅的金屬稱量貨幣成交。一鋝銅約爲六兩，百鋝約爲六十斤。即一個奴隸的價格爲二十鋝，約爲十二斤銅。說明在西周時期奴隸遠不如牛馬值錢，奴隸的地位比牛馬還要低下。銘文爲我們提供了迄今爲止唯一的資料。

又如一九七五年陝西岐山董家村出土的西周恭王三年的衛盉（圖 2-19），

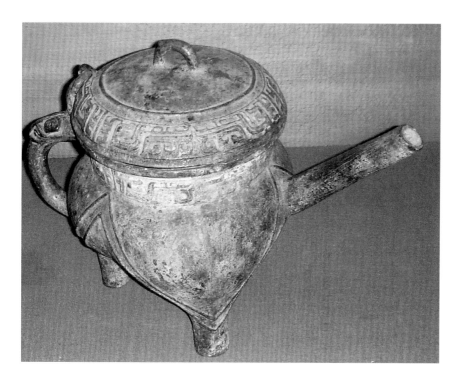

圖 2-19　西周恭王三年（西元前 920 年）衛盉，陝西省寶雞市青銅器博物館藏（郝婷／攝）

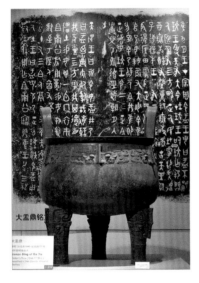

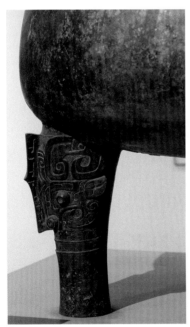

圖 2-20　西周大盂鼎、銘文及其腿部裝飾，陝西眉縣出土，中國國家博物館藏（晶鳴／攝）

蓋內鑄有銘文一百三十二字，詳細記錄了貴族間的土地交易。講述的是裘衛用價值貝幣百朋的玉器和皮毛換取矩伯的十三塊田地。銘文又提到，這件事還要報告伯邑父等執政大臣同意，伯邑父等執政大臣還要派官員司徒、司馬、司工來參加田地交割。這說明西周初期的「田里不鬻」的土地國有制，到了西周中期已經開始變化。

再如一九七五年陝西岐山董家村出土的西周中晚期的㝬（yīng）匜。器上的銘文與蓋上的銘文相連組成一篇完整的銘文，共計一百五十七字。銘文內容是記錄一篇法律判決書。㝬的下屬牧牛因為與上司㝬爭奪五夫敗訴，最初被判墨刑及鞭千，後來被赦免了五百鞭，其餘五百鞭及墨刑改用銅三百鍰來贖，並立誓今後不敢再擾亂㝬。㝬勝訴後，將此判決書鑄在這件青銅禮器之上。這為研究西周時期的法律提供了具體的資料。

六、銘功記賞

記述自己對王室（或某大貴族）在祭祀、戰爭、外交、政務等方面所做出的貢獻，因而受到嘉獎、賞賜和冊命的榮寵。

如一九六九年陝西藍田出土的西周中期的永盂。其上銘文記載，益公傳達恭王的命令，賞賜給官員永兩處田地：陰陽洛及原來屬於師俗父的田地。根據銘文，當時師俗父也在場。永盂銘文說明周王有權將田地改賜，因而具有重要價值。

又如清朝道光初年陝西眉縣禮村出土，現藏於中國歷史博物館的西周康王時期的大盂鼎（圖 2-20）。腹內壁鑄有銘文二百九十一字，記載了周康王二十三年一次共賞賜給貴族盂官員十七人及一千七百零九名民眾，總計一千七百二十六人，其數量之多是驚人的。

七、商賈貿易

如一九八一年陝西岐山流龍嘴村出土的西周恭王時期的魯方彝蓋（圖

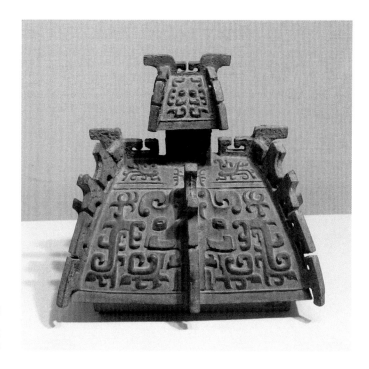

圖 2-21　西周晚期魯方彝蓋，陝西岐山縣流龍嘴村出土，陝西省博物館藏（張奮泉／攝）

2-21），內有五十字的銘文，銘文不太長，但對認識西周社會經濟有重要意義。銘文內容簡單地說就是一位商人齊生魯做生意賺了錢，還與諸侯做了朋友，故做了一件彝紀念。它證明了《史記 · 齊世家》關於齊國自太公以來就重視商業的記載。

此外，西周金文中還有「初吉」、「既生霸」、「既望」、「既死霸」等記時詞語，王國維作《生霸死霸考》，認為西周金文記時，是由上述四個月相詞語四分一月的。這類記時詞語，商代和春秋以後的古文字資料中都沒有，它反映出西周人在制定曆法時的改革與創新。

▊ 金戈鐵馬──青銅武器與青銅車馬器的改進

　　西周時期非常重視青銅武器的創新和改良。西周人發明了十字形戟，戟將戈與矛合鑄爲一體，同時具有矛的刺殺與戈的鉤殺的作用。如河南浚縣辛村西周衛侯墓出土的戟，呈十字形，前有直援，援末有一個圓穿，直內，上部爲直刺，下部爲長胡二穿。直內上一面鑄有銘文「侯」字。在北京房山琉璃河西周初期燕侯墓出土的十字形戟，上部爲刀形刺，而且前鋒後捲，可稱鉤戟。內上也鑄有銘文「燕侯舞戈」。這證明了西周時期武器不僅是作戰用的工具，還反映著等級禮儀制度，是貴族權力的象徵。

　　戈是西周軍隊最基本的進攻性武器，其形式較商代有了發展，主要是在援的後端下部添加了胡，胡上都有用以穿繩縛柲用的孔，稱爲穿，常見的有短胡一穿戈和中胡二穿戈等。胡和穿的應用，使戈能更牢固地捆縛於木柲之上，戰鬥力更加提高。

　　劍，是近身格鬥的短兵器。商末西周初已經出現，不但有出土的實物，而且也有史料的記載。《逸周書‧克殷解》有這樣的記載，牧野之戰後，周武王進入朝歌，到達紂王的宮殿「三發而後下車，而擊之以輕呂，斬之

以黃鉞，折縣（懸）諸太白」。 文中的輕呂，司馬遷認爲是劍。這說明司馬遷認爲西周初期是有劍的。（圖 2-22）北京昌平出土的西周早期直柄直刃獸首形劍，無格，莖端爲蘑菇狀，帶有草原文化特色；寶雞竹園溝出土的西周早期柳葉扁莖形劍，扁莖，無格，有中脊，劍身爲柳葉形；甘肅靈台白草

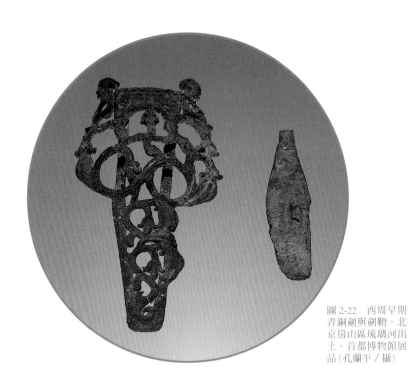

圖 2-22　西周早期青銅劍與劍鞘，北京房山區琉璃河出土，首都博物館展品（孔蘭平／攝）

坡出土有西周早期的長三角扁莖形劍。這些青銅劍都不長，二十公分左右，不能作爲進攻性兵器來使用，但劍在西周時期出現是有其應用環境的。西周時期戈爲主要的作戰武器，雖功能多樣，但有很大弱點──戈頭與人體之間有較大的空檔，易爲敵方所乘，劍的出現可能是爲彌補這一缺點。在敵

方突破戈頭的殺傷距離後，以劍與敵搏鬥。西周以後的許多墓葬中都出土有劍與戈，可能就是劍與戈這一組合形式的延伸。西周晚期青銅劍的形制有了變化，劍身變長，山東沂源縣姑子坪一號西周晚期墓葬中出土一件青銅劍，圓首，扁莖，無格，劍體中心起脊，通長達三十五點六公分。

　　西周時期出現了一種新型砸擊武器——殳（shū）。銅殳出土數量較少，最早的銅殳是西周時期的。寶雞竹園溝西周早期墓葬 BZM13 出土一件銅殳，直徑十二公分，銎徑五點六公分，殳體有三個凸刺。西周時期的都屬於球體多刺類，除寶雞竹園溝出土的三刺銅殳外，還有陝西扶風縣白村出土的五刺銅殳，高五點八公分，銎徑二點二公分，年代為西周中期。根據這兩件西周銅殳的形狀，可以大致勾勒出銅殳的早期發展趨勢，從少刺到多刺，從僅有大刺，到大小刺皆有，從鈍刺到銳刺，其殺傷效能在不斷提高。

　　西周馬車與車戰裝備同晚商馬車與兵器裝備對比，有了很大的發展。(圖

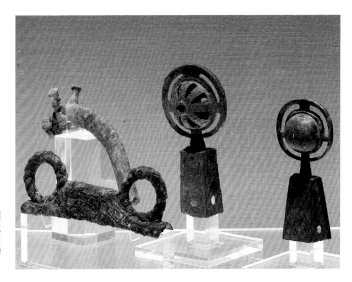

圖 2-23　西周早期青銅車馬器件，北京房山區琉璃河遺址出土，首都博物館藏（磊鳴／攝）

73

2-23) 第一是在木車的細部結構上有許多改進。晚商車輪的輪轂都是木質的，到西周時則在車轂上附加銅飾。安裝在車輪兩側軸上的青銅轂飾，除美觀外，主要是起加固作用，比晚商車只用木轂牢固得多。（圖2-24）軸頭所裝銅書，晚商多為長形，西周時雖也用長形，但開始出現短形書，以後用銅轄的短形書日益流行，軸頭縮短，使木車行駛時更為靈便。同時由軸飾固定

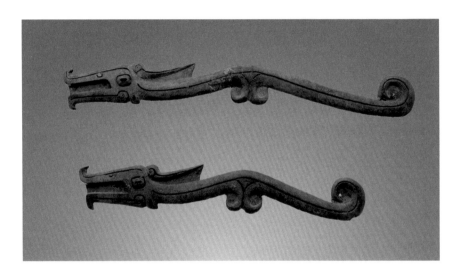

圖 2-24　西周車馬器零件，河南洛陽博物館藏（聶鳴／攝）

在軸上的伏兔，可以抵住輪轂，防止其內移，還可以縮小轅、軸相交處和轅與前後軫相交處挖槽的深度，從而增強轅、軸桿件的強度。（圖2-25）鑾鈴，下部是一個梯形座，上部是一個扁圓形的鈴，裝在車子前面的木衡上或車軛的上方。其作用正如《韓詩內傳》所記：「鑾在衡，升車則馬動，馬動則鑾鳴。」

　　第二在馬具方面。飾在馬口角的兩頰上的銅馬鑣，晚商時形制為方形，

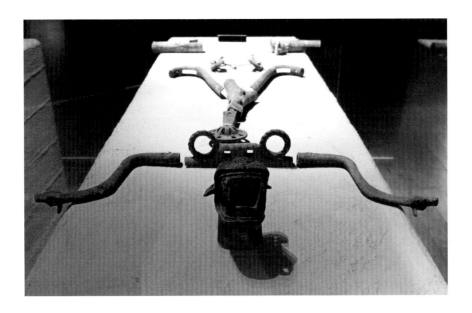

圖 2-25　青銅車馬器，北京琉璃河西周燕都遺址博
物館藏（磊鳴／攝）

西周改成更簡易實用的圓渦形。銅馬銜日益普遍，仍爲兩個扁平「8」字形
橢圓環互相套合而成。與銜、鑣結合在一起的馬絡頭也更加完善，有時還
有配有貝飾或銅飾的籠嘴。

　　第三是馬車與車戰用兵器組合逐漸形成，由長柄的戟、矛和短柄的戈
相配合，初步形成適於錯轂格鬥的車戰兵器組合。銅冑和銅甲的使用，增
強了防護用具的功能。駟馬戰車的出現和車戰兵器組合的初步形成，使得
戰車兵在西周時期得以佔據軍隊主力兵種的位置，逐漸步入中國古代車戰
的高峰期。

▎等級森嚴的西周墓葬制度

現今發掘的西周墓葬總數已近二千座，主要分佈在陝西省西安、扶風、岐山、寶雞，河南省洛陽、浚縣，北京市昌平、房山，以及長江下游地區。這些墓葬集中反映了西周時期不同地區、不同年代、不同等級在埋葬制度上的特點。

西周都邑豐京遺址內尚未發現王陵和宗室墓葬，諸侯一級的大墓已發現的有河南浚縣辛村衛侯及夫人墓、北京房山琉璃河燕侯墓，以及山西曲沃北趙晉侯墓。大型墓在東、西兩邊，中小型墓在中間，排列有序，可見西周時期諸侯的墓地仍是聚族而葬，據《周禮・春官・塚人》記載，這種墓地稱爲「公墓」。

一九三二年至一九三三年，中央研究院和河南古跡研究會，曾在浚縣辛村作過四次考察與發掘，共發掘西周墓葬八十餘座，出土了隨葬的青銅器有鼎、簋、尊、卣、爵、盉、方彝等禮器；戈、矛、戟、鉤戟、鏃等武器，以及斧、鑿、削等生產工具和輨、轄、軸、軛、衡、鑣、當盧等車馬器。還有陶器、原始瓷器、玉器、骨角器、蚌飾、貝和木器等。墓地的一座大

型車馬坑，共埋十二輛車、七十二匹馬及八隻犬。辛村大墓曾被盜，隨葬的青銅禮器多有遺失。但在二號墓中發現有「侯」字戟，八號墓中也有「白（伯）矢」戟出土。特別是在出土的釦器上還鑄有「衛侯」的銘文，充分證明了辛村墓地不僅是衛國的墓地，而且這些大墓還應是衛侯或其夫人墓。

西周燕侯墓（圖 2-26）在現在的琉璃河東面，它的西北就是燕國的都城。這裏發掘過很多大墓。一九八六年發掘出一座西周時期最大的墓。它的四角開設墓道，這在其他地方沒有發現過。這個墓曾經被偷盜過，出土的隨

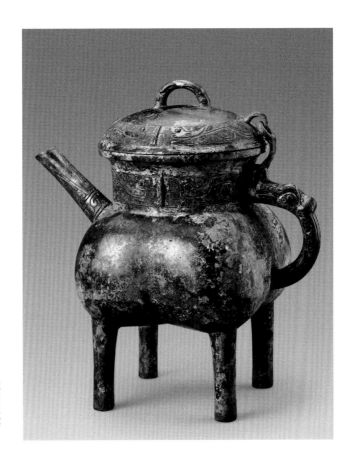

圖 2-26　西周早期克盉，1986 年北京房山區琉璃河一一九三墓出土，首都博物館藏

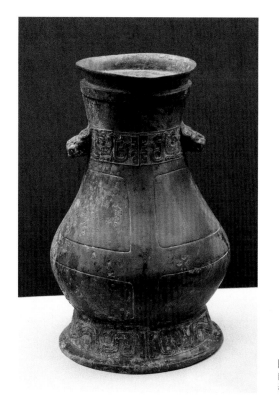

圖 2-27　西周晉侯青銅獸馬壺，山西
曲沃北趙村出土，首都博物館「考古與
發現展」（矗鳴／攝）

葬品比較少。重要的有漆盾和帶銘文的銅鼎。銘文明確記載了西周初年周
王冊封燕侯授民授土，把九個族一起劃歸燕王管理的史實。墓地出土的
另一件銅鼎記載了菫奉燕侯之命前往宗周向太保公貢獻食物並受到賞賜，
這就和史料所記載的召公長子封於燕，而本人仍在宗周輔弼王室的史實相
印證。

　　山西曲沃晉侯墓地是一處西周晉國王侯貴族墓地，其埋葬時代幾乎貫
穿整個西周時期。車馬坑位於每組墓葬的東面，其中八號墓葬陪祀車馬坑
東西長二十一公尺，南北寬十五公尺，有殉馬百餘匹，爲中國至今所發現
的西周時期最大的車馬坑。這些車馬坑的修建，比秦始皇兵馬俑還要早

六百年。西周晉侯墓地十九座墓葬有十一座保存完好，八座被盜。晉侯墓地出土文物十分豐富，總數達萬件以上，有大量華麗精美的玉器、青銅禮器。出土的青銅器種類齊全，從其數量和組合看，一改商代重酒之風，呈現重食、重樂的特點。九十一號墓，出土青銅列鼎七件、簋五件，與古代文獻記載的諸侯一級的用鼎制度相符。發掘者根據墓中出土的一件殘青銅器底上的二十七字銘文認為該墓為晉厲侯之子——晉靖侯喜父之墓。八號墓葬出土的晉侯蘇鐘，刻銘文三百五十五字，完整記載了一段周厲王時期由晉侯蘇參與的一次軍事事件，彌足珍貴。〔圖 2-27〕〔圖 2-28〕

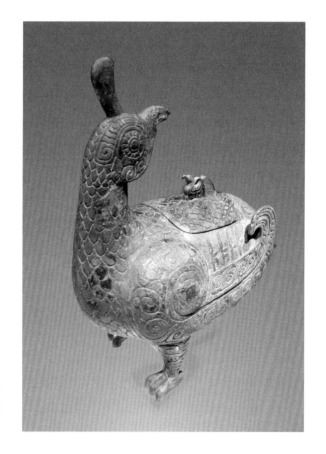

圖 2-28　西周晉侯鳥尊，高三十九公分、長三十點五公分，山西晉侯墓地出土，山西博物院藏（黃旭／攝）

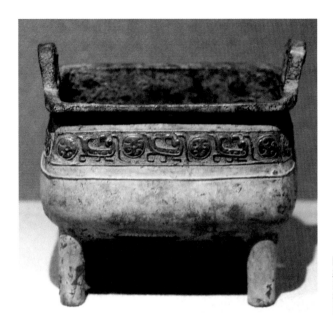

圖 2-29　西周中期強伯陷銅方鼎，1974 年寶雞茹家莊一號墓出土，陝西省寶雞市青銅器博物院藏（孫同超／攝）

西周豐鎬遺址張家坡附近的井叔墓地，以周王重臣井叔的中字形大墓爲中心，其他較小的墓在旁邊，排列有序，主次分明，是考察西周卿大夫墓葬的典型資料。說明西周時期卿大夫也是實行族葬制。其中一座井叔墓，由方木壘成，槨頂上亦置有青銅車馬器。槨室內置重棺。墓已被盜，隨葬品大部分已不存在，殘存有石磬等。井叔墓東邊其夫人墓雖亦被盜，但殘存井叔采鐘二件及犧尊、尊、爵及卣蓋等青銅禮器。

一九七四年至一九七五年寶雞市博物館發掘了位於陝西省寶雞市茹家莊的一號墓與二號墓，墓主分別爲強伯和井姬，年代約在昭、穆之際。墓中出土青銅禮器、兵器、工具、車馬器、玉石裝飾品、陶器、原始瓷器等共一千五百餘件。強伯隨葬的青銅禮器有鼎（圖 2-29）、甗、鬲、尊、卣、爵、觶、盤及鳥形尊等三十多件（圖 2-30），其中八件有「強伯自作用器」之類的

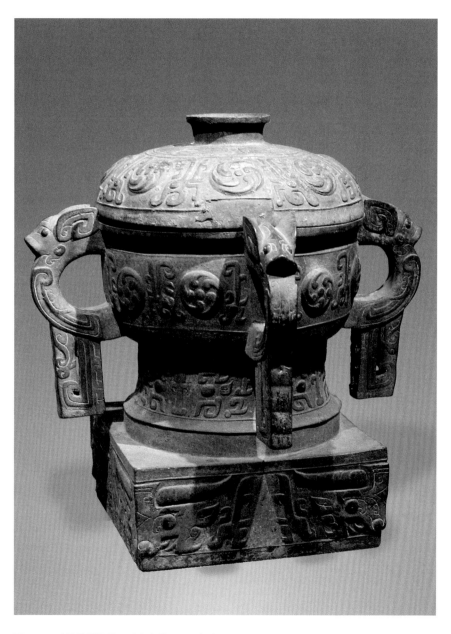

圖 2-30　西周早期強伯四耳方座簋，1981 年寶
雞紙坊頭出土，陝西省寶雞市青銅器博物院藏
（孫同超／攝）

銘文。此外，還有編鐘三枚（圖 2-31）。井姬隨葬的青銅禮器有鼎、鬲及羊尊
等十餘件（圖 2-32），多數有「弢伯作井姬用器」的銘文。由此可以確認兩墓
的主人以及他們之間的關係。

　　一九五四年在陝西長安普渡村發掘的長由墓，屬西周中期。隨葬的青
銅禮器有鼎四件、簋二件，以及鬲、甗、爵、觚、卣、罍、壺、盉、盤等

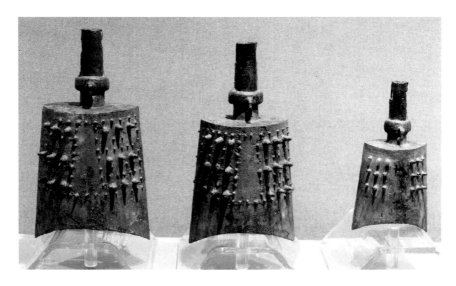

圖 2-31　西周中期編鐘（共三件），1974 年寶雞茹家莊一號
墓出土，陝西省寶雞市青銅器博物院藏（孫同超／攝）

各一件，還有編鐘一組三件。四件青銅鼎中一件形制不同，形體也較大，
應該是煮肉用的鑊鼎；其餘三件形制相近，是盛肉用的列鼎。由此推斷墓
主人的身份可能是士一級的貴族。

　　一九七三年在陝西岐山賀家村發掘的一座西周中期墓中，出土有青銅
鼎和簋各一件，以及青銅武器戈、矛及車馬器鑣、銜等；該墓也沒有發現

車馬坑，這顯然是最下層士的墓葬。

通過以上各墓的規模和喪葬形式，可以說明西周時期的貴族墓葬已具有了鮮明的等級制度，它不僅與用鼎制度相配合，而且諸侯、卿大夫的墓葬還隨葬青銅樂器並附有車馬坑，而士一級墓葬一般不隨葬青銅樂器，也沒有車馬坑。這是周禮在喪葬中的具體呈現。

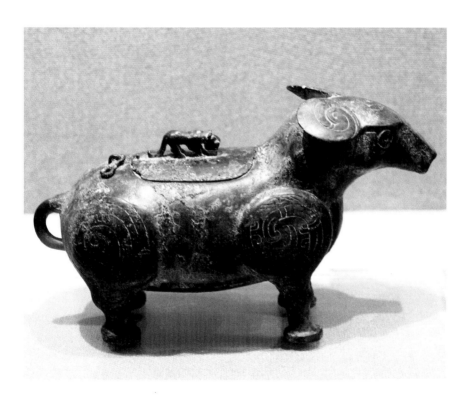

圖 2-32　井姬盂鐎，西周（西元前 1046 年—前 771 年），1974 年寶雞茹家莊出土，陝西省寶雞市青銅器博物院藏（孫同超／攝）

禮在東方
中國青銅器

③

百花齊放
——春秋青銅藝術

▌導言

　　西元前七七一年，申侯、呂侯、曾侯由於不滿周幽王廢去王后申氏和太子宜臼，勾結北方的犬戎部進攻鎬京。幽王對內實行暴政，又因「烽火戲諸侯」而失信於天下，危難之時無人相救，很快被犬戎軍隊擒殺於驪山之下。申侯等擁立太子宜臼繼位，是為周平王。由於鎬京被毀，西元前七七〇年，平王決定遷都城於洛邑（今河南洛陽）。西周滅亡，幽王也就成為了西周的最後一個王。從此至西元前二二一年秦始皇統一中國前，史稱東周。東周又分為春秋和戰國兩個時期，春秋從西元前七七〇年至前四七六年，因魯國編年史《春秋》得名。戰國時期則從西元前四七五年到前二二一年。

　　東周一開始，周王朝就開始走下坡路，王室衰微，大權旁落，諸侯國之間互相征伐，戰爭頻繁。小的諸侯國紛紛被吞併，強大的諸侯國在局部地區實現了割據。在春秋中期，出現了一個相對和平的時期，原因是各國都被戰爭搞得十分疲憊，需要休整，於是在西元前五四六年由十四國參加的第二次「弭兵之會」上達成協議，戰火暫時得以平息。可是，這期間在長江流域，吳、楚、越三國之間卻多次爆發戰爭。春秋時代的中後期，隨著

85

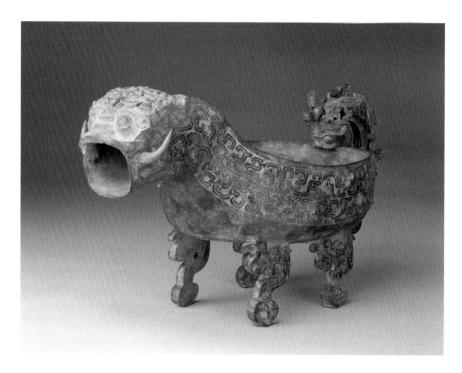

圖 3-1　春秋獸形匜

牛耕的普及和鐵製農具的應用，經濟迅速發展，出現了私田的開發和井田制的瓦解這一重大的社會變化。在一些諸侯國的內部，貴族勢力強大起來，開始向國君爭奪權力。西元前四五三年晉國的韓、趙、魏三家將晉國進行了瓜分，自己分別建立了國家，就是著名的「三家分晉」。於是，七雄並立，互相爭霸的時代逐步到來。

　　春秋時期中國古代社會從奴隸制開始向封建制過渡，社會處於大動盪、大變革的時代，周王室衰微，各諸侯國興起，齊桓公、宋襄公、晉文公、楚莊王、秦穆公等相繼稱霸。此時，鐵器開始逐步應用，隨著各諸侯國地方經濟的發展，各地方的青銅文化有了突飛猛進的發展，逐步形成了各具

風格的地方性的青銅文化。到了春秋晚期和戰國初期，中國古代青銅文化的發展出現了第二次高峰，青銅工藝燦爛輝煌，分鑄法有了高度發展，失蠟法出現，鑲嵌金銀及紅銅等工藝也有所提高。媵（yìng）器即隨嫁禮器銘文有了較大發展，反映現實生活的宴樂、狩獵及水陸攻戰紋出現。並且列國城市，尤其是各大諸侯國的都城都有所擴展。（圖 3-1）

另外，在春秋時期還出現了一批著名思想家和軍事家，如儒學的創始人、中國古代偉大的思想家和教育家孔子，同時還有道家的創始人老子、墨家學派創立者墨子、軍事家孫武等，他們都是中國青銅時代在精神文化方面有傑出成就的人。

青銅禮器的特殊意義是中國青銅文化有別於其他民族青銅文化的突出特徵。「以禮治國」是中國古代政治所獨創的統治藝術，孔子所推崇和宣揚的以「周禮」為代表的禮儀體系，滲透到政治、經濟、軍事、文化等社會生活的各個方面，影響了其後數千年的中華文明史。

▌銅鐵並用的時代

　　據現有資料看，早在西元前十四世紀的商代前期，中國先民已經認識和使用了鐵。一九七二年，在河北藁城台西村出土了一件商代前期鐵刃銅鉞，鐵刃是用隕鐵經加熱鍛打成形後和青銅鉞體合鑄的：一九七七年，北京平谷劉家河一座商代中期墓葬，又出土了一件鐵刃銅鉞，與藁城出土的相似：新中國成立前，河南浚縣也曾出土過商到西周初期的一件鐵刃銅鉞和一件鐵援銅戈，均是以隕鐵爲原料鍛製而成的。這些發現，說明商代用鐵已非孤例：其次雖然幾件商代前期至西周初期的鐵刃器，都爲隕鐵鍛製而非人工冶煉的鐵器，但它們是經過加熱鍛造的，鐵已被鍛成了薄薄的刃口。藁城鐵刃銅鉞的鐵刃，鑄在青銅內最薄的部分，厚度只有二公釐。這就表明，到商代早期就對鐵有了一定的認識，而且已經掌握了一定水準的鍛造技術。至今尚未有西周鐵器的新發現，但可喜的是已經有春秋早期鐵器出土。如一九九〇年河南三門峽上村嶺虢國墓地出土的玉柄銅芯鐵劍（圖3-2），經北京科技大學中國冶金史研究室檢測鑒定，該劍是人工冶鐵製品，係用塊煉法鍛製而成。又如一九七八年在甘肅靈台景家莊春秋初期墓葬中

出土的銅柄鐵劍，亦爲塊煉法製成。塊煉法是將鐵礦石在約 1000℃的較低的溫度下，在固體狀態下，用木炭進行還原而得到鐵的方法，需要再經鍛打除去雜質才能製作器物。而春秋晚期或春秋戰國之際的鐵器，其數量較多，種類包括了生產工具、生活用具和兵器。並且，科學鑒定證明這些鐵器有鍛件，也有鑄件，鐵的冶煉和加工技術已經達到了較高水準。實際上，在春秋後期，中國工匠已經熟練地掌握了用塊煉法冶煉熟鐵，製造鐵器。

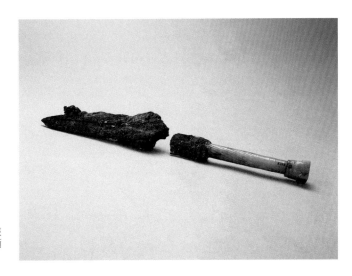

圖 3-2　河南三門峽虢國墓出土的玉柄鐵劍

但是，畢竟用塊煉法得到的塊鐵，幾乎不含碳，質地疏鬆，必須通過鍛造來提高性能和製成所需要的形制。用這種方法冶煉與加工，十分費時費工，產品的質量和數量很低，從而使用鐵也就受到很大的局限。鐵要爲人類服務，必須突破這種局限。中國古代早就發展起來的高爐煉銅技術，爲古代高爐冶煉生鐵技術的發明，提供了直接基礎，這使得中國古代人工冶鐵很快地從塊煉法躍進到高溫液體還原法，從冶煉塊鐵躍進到冶煉出可以直接

89

用於鑄造的生鐵。春秋晚期生鐵的發現證明，這個飛躍至遲到春秋晚期以前既已發生。中國古代冶鐵技術的這些飛躍，大大提高了勞動生產率和鐵器質量，並且給各種手工業，包括青銅冶鑄業提供了堅韌的工具，促使各種手工業，包括青銅冶鑄業有了新的飛躍。中國古代人民的這一偉大創造發明，要比歐洲早約二千年。

▌時代風氣的嬗變

周平王東遷，西周終結。政治上出現王室衰弱、諸侯力政的局面。國家由統一而分裂，從春秋時期諸侯稱霸發展到戰國時期列國分立的局面。社會的變革，也影響到青銅鑄造業，進入東周，周王室和王臣器明顯減少，而列國器增多，不僅大的諸侯國如齊、楚、秦、晉等國鑄器，而且小諸侯國陳、蔡等也鑄器。這使得青銅器地域性特徵突現，形成了多種風格爭奇鬥豔的局面。

春秋早期青銅器的形制、花紋和銘文大部分是西周晚期的延續。青銅器的明顯變化，起於春秋中期。

春秋時期敦（圖3-3）、缶、鑒、帶蓋豆相繼出現。鼎分為有蓋和無蓋兩種，無蓋鼎都作淺腹，鼎耳立於口沿之上，或附於口沿之下，鼎腿都比較瘦長，鼎足全作馬蹄形。簋的形制出現了蓋冠作蓮瓣形的方座簋。有的匜做成封口式，還有的注水匜平底無足。樂器除編鐘外，還出現了編鎛。吳、越等國在祭祀或宴饗時使用樂器句鑃（gōu diào）。此期兵器空前地增加，遠射矢鏃出現錐體三稜形，三側刃前聚成鋒，穿透力極強。戈仍以圭鋒、中胡

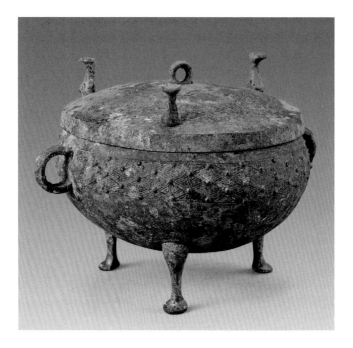

圖 3-3　菱形乳釘紋敦，春秋時期，北京延慶縣龍慶峽別墅工地出土，首都博物館藏

二至三穿爲主。車戰用戈，秘有加長到三公尺以上者。戟盛行矛、戈分鑄聯秘的形式。劍身修長，中脊、兩側刃、前聚成鋒，有的劍身還有錯金篆銘，成爲重要的近戰兵器。吳越工匠製作的兵器尤以精良著稱，當時名聞天下。

在裝飾方面，這時代表一種新的趣味、觀念、標準和理想的青銅藝術在勃興。構圖細密、成網狀佈局的蟠螭紋和蟠虺(huǐ)紋的產生，則是新潮流的一種標誌。（圖 3-4）螭，一些古籍中說牠屬龍。所謂蟠螭紋，指以兩條或更多小螭龍相對糾結。虺，《國語·吳語》說「爲虺弗摧，爲蛇將若何」。青銅上的蟠虺紋，則是許多小蛇狀的動物相互纏繞。它們都是作爲花紋單位重複出現的一類紋飾。蟠螭紋和蟠虺紋是由神話動物構成的，但它僅是圖案，一種供人欣賞的裝飾，不再有神秘的意味。

錯金銀工藝在青銅器上的使用，始於春秋中期。貴族們流行用金銀來

鑲嵌青銅器物，此種裝飾工藝通稱為「金銀錯」，又稱「錯金銀」。錯金銀工藝包括鑲嵌和錯兩種技術，鑲是把東西嵌進去或是在外圍加邊，嵌是把東西鑲在空隙裏，錯即用厝（錯）石加以磨錯使之光平，其工藝可謂精密細緻。其製作工藝是，先在青銅器表面預鑄出淺凹凸的紋飾或字形，再用硬度較大的工具鏨刻淺槽，然後在淺槽內嵌入細薄的金銀絲、片，用厝石磨錯，使嵌入的金銀絲、片與銅器表面相平滑。最後在器表用木炭加清水進一步打磨，使器表更加光豔。被「錯金銀」工藝裝飾過的器物的表面，金銀與青銅的不同光澤相映相托，將其圖案與銘文襯透得格外華美典雅。

此時，青銅器銘文多作在顯著部位，除書史性質外，也注重了裝飾。文體多用韻文，書體呈各種風格，晉、衛、虢（guó）、鄭端莊秀勁，秦銘規整，

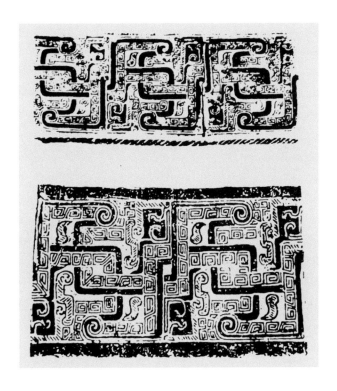

圖 3-4　蟠螭紋，春秋時期（賀新鋒／攝）

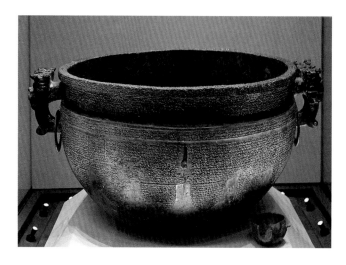

圖 3-5　春秋吳「吳王光」青銅鑒，1955年安徽壽縣蔡侯墓出土，中國國家博物館「古代中國陳列展」(孔蘭平／攝)

此器是吳王光為其女叔姬所作的陪嫁品，反映了吳、蔡兩國為政治需要而聯姻的史實。

吳越銘文修長，並加以禽鳥形的飾筆，極富藝術色彩。銘文的內容也發生了很大的變化，長篇銘文大為減少，有關媵女陪嫁的銘文增多。青銅陪嫁品，也叫青銅媵器，在春秋時期的諸侯國中特別流行。當時諸侯們和大夫們為了維護彼此的政治地位和利益，或者小國求助於大國的保護，往往通過聯姻，來加強他們之間的關係，組成一定的政治集團，故媵器大量出現。（圖 3-5）媵辭格式簡單，一般有時間、某人為某人作媵器及祝願辭三部分，如陳侯鼎銘文：「唯正月初吉丁亥，陳侯作□嬀四母媵鼎，其永壽用之。」大意是說：陳侯為其女□嬀四母做陪嫁的鼎，祈望她長壽用之。

春秋時期，已知的最大的採銅和冶銅基地，是今天的湖北大冶的銅綠山銅礦遺址地。一九七三年在這裏發掘出的有孔雀石、赤銅礦、自然銅。古代工匠為掘取銅礦石開鑿了豎井、平巷與盲井，冶銅爐日產銅超過三百公斤。巨大的產量代表了春秋時期的冶銅技術的高水準。

在工藝上，由於分鑄法的廣泛應用和失蠟法鑄造的出現，使很多造型

優美、結構複雜的青銅器物被製造出來，蓮鶴方壺就是這時的一件偉大作品。

蓮鶴方壺（圖 3-6）於一九二三年在河南新鄭李家樓出土，爲春秋中期器物，高一百一十八公分，口長三十點五公分。器方形，雙耳爲鏤空的顧首伏龍，頸部及腹部四隅皆飾以獸形扉稜，器身飾相纏繞的蟠龍。蓋頂作鏤空蓮花瓣形，中立一鶴，昂首舒翅。圈足飾虎形獸，足下承以雙獸，獸首有突出的雙角。此壺造型華麗，紋飾繁複，壺腹最大徑下移，增加了全器的穩重感。這件作品的紋飾代表春秋時期的主要內容和風格，設計巧妙，是新的鑄造技術的成熟體現。尤其是壺頂的立鶴形象逼真，造型生動，完全是一種生活的意趣。正像郭沫若先生所說，這隻舒翅昂首的立鶴要飛向一個嶄新的時代。

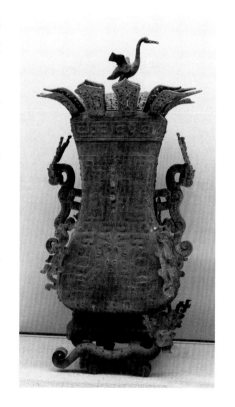

圖 3-6　春秋鄭國青銅蓮鶴方壺，1923 年河南新鄭李家樓出土，河南博物院藏（磊鳴／攝）

▌ 畫像紋再現故國往事

　　春秋戰國交際，青銅器花紋設計出現描寫現實生活的圖像紋，這其中宴樂射獵攻戰紋最具代表性。宴樂射獵攻戰紋以宴樂、舞蹈、狩獵、攻戰、採桑、戈射以及走獸、禽鳥等圖案為題材，反映了當時的貴族社會生活和群雄爭戰中兩軍對陣搏鬥等內容，開漢代畫像的先河。(圖 3-7)(圖 3-8)紋飾的構圖風格一反單純的動物紋或幾何紋作裝飾的呆板的左右對稱的情況，而有著複雜生動的作風。此類紋飾多施在鑒、壺等器物上，並且大都採用嵌紅銅和線刻紋，佈滿全身。一九六五年四川成都百花潭出土的宴樂射獵攻戰紋銅壺就是典型作品。

　　宴樂射獵攻戰紋銅壺的紋飾(圖 3-9)，從口至圈足分段分區佈置。以壺兩側的雙鋪首環耳為中心，前後中線為界，分為兩部分，形成完全對稱的相同畫面。自口下至圈足，被五條斜角雲紋帶劃分為四層。

　　第一層位於壺的頸部，共出現有十八人和二鳥獸，上下二段，左右分為二組，主要表現採桑、習射活動。採桑組二樹十人和二鳥獸，樹上、下共有採桑和運桑者五人，表現婦女在桑樹上採摘桑葉，桑籃掛於樹枝上，

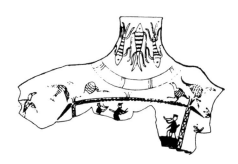

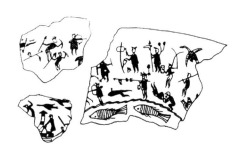

圖 3-7　宴樂攻戰圖，戰國時期（賀新鋒／攝）

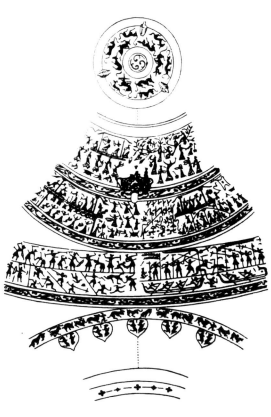

圖 3-9　宴樂射獵攻戰紋
銅壺紋飾（賀新鋒／攝）

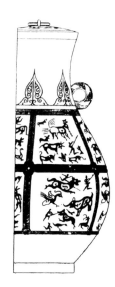

圖 3-8　狩獵圖，戰
國時期（賀新鋒／攝）

有的女子正在攀登，有的在樹下相接。採桑者細腰長裙，爲貴族婦人的服飾。紋飾可能是后妃所行的蠶桑之禮。畫中所有男子，束裝，有的還戴佩劍。他們是在選取弓材。因爲，桑科樹木是古代製造弓桿的重要原料。紋飾以象徵性的手法，表現了揀選弓材的場面。樹前地面還陳設著獵獲的禽獸。習射組四人在一建築物下，前設侯，就是箭靶。一人主射，一人從射，後有一人扶弓持箭，或爲司射。前有一人跪坐檐下，應是獲者。相當於現今打靶時的報靶員。下段四人，似爲列隊待命習射的弟子。本層所描繪的是當時舉行鄉射禮時的場景。

第二層位於壺的上腹部，共刻畫有人物二十，鳥獸魚鱉三十五，分爲二組畫面。左面一組爲宴饗樂舞的場面，七人在亭榭上敬酒如儀，樹欄下有二圓鼎，二奴僕正從事炊事操作。此二圓鼎之形制，淺腹圓底，附耳附足，正與春秋戰國時期標準鼎制相合。下面是樂舞部分，畫面中虡上懸有鐘和磬，旁立建鼓和丁寧。圖中三人敲鐘，一人擊磬，一人持二桴（鼓槌）敲打鼓和丁寧，尚有一人持似號角狀的吹奏樂器正在演奏，表現了載歌載舞的熱鬧場面。根據這一組紋飾中鼎和甬鐘的形制，可以推斷本器的時代應在春秋末至戰國初期。右面一組爲射獵的情景，鳥獸魚鱉或飛或立或游，四人仰身用繒繳弋射，一人立於船上亦持弓作射狀。這一層的畫面雖分爲兩組，而相互間似有一定的聯繫，即出於同一主題，所表現的可能是天子、諸侯正在辟雍行大射禮。這種儀式在古文獻和銅器銘文中常見。

第三層爲水陸攻戰的場面。一組爲陸上攻守城之戰，橫線上方與豎線左方爲守城者，右下方沿雲梯上行者爲攻城者，短兵相接，戰鬥之激烈已達到白熱化程度。另一組爲二戰船水戰，二船上各立有旌旗和羽旗，陣線分明，右船尾部一人正擊鼓表示進攻另一方，即所謂鼓噪而進。船上人多使用適於水戰的長兵器，二船頭上的人正在進行白刃戰，船下有魚鱉游動，表示船行於水中，雙方都有蛙人潛入水中活動。畫中的戰鬥情景，雖受畫

面的限制，僅能具體而微，然而刻畫生動；戰士們手持武器，頭裏中幘（zé），射者支左居右，張弓搭矢；持戈矛者，前握後運，雙足穩立；架梯者，高擎雙手，大步跑進；仰攻者，手持弓戈矛盾、登梯湧上，前赴後繼；蕩槳者，前屈後翹，傾身搖蕩；潛泳者，揚臂蹬足，奮力游動。作者以極其敏銳的觀察力和豐富的想像力，準確地抓住每一個人瞬間的具有各自特徵的動作，構成了一幅有血有肉的戰爭場面，完全脫離了商周以來傳統的對稱而呆板的圖案風格。本層位於壺的下腹部，界面較寬，圖中人物也最多。

第四層採用了垂葉紋裝飾，這種紋飾出現於西周晚期而盛行於春秋以後，多飾於器物的下部，給人以敦厚而穩重的感覺。此器紋飾採用了生動活潑的畫面與條帶狀幾何形紋交錯相間的佈局，使動與靜巧妙地結合，畫面內容有條不紊，繁而不亂。

全器紋飾中共有一百七十八人，鳥獸蟲魚九十四隻，雖略顯龐雜，但內涵豐富，形象逼真，再現了古代社會的一些場景，這對研究東周社會習俗、生產、生活、戰爭以及建築等，都有極為重要的價值。亦足以證明中國東周時期的繪畫與裝飾藝術已經達到相當高的水準，並對漢代畫像石（磚）藝術及以後的繪畫產生了積極的影響，所以它不僅是中國青銅器中的藝術珍品，在美術史上也應佔有重要的地位。

▌ 群雄逐鹿，各領風騷

　　春秋時期是中國歷史上大變革、大動盪時期，思想活躍不僅帶來了科學技術和生產力的巨大發展，也造成了文化藝術上百花齊放的繁榮景象。各地區的青銅器在此基礎上高度發展，它以新穎的器形、精巧富麗的裝飾風格和卓越的範鑄技術，反映了當時中國青銅器的新風格的崛起。

　　中原的晉文化青銅器，東方的齊器，西方的秦器，南方的楚器，北方的燕器，早期都源於西周器，相同之處較多，而至東周時期地域差異日趨明顯，形成了異彩紛呈的各式青銅文化。

　　晉文化區，進入春秋時期，晉國日漸強大，在文化上逐漸形成自己的特色。青銅藝術有了飛快發展，器物造型及紋飾主題清新秀逸，不同凡響。春秋中期以後，逐步形成了以晉為中心，包含其鄰近的東周、鄭、虢、虞、荀等的中原地區青銅文化類型體系。晉國重食器，器物有鼎、鬲、甗、簋、簠、豆、敦。酒器僅有壺和罍，卻仍在使用，器形也在不斷變化，春秋中期新出現了酒器舟。盉到了春秋晚期漸多。水器包括盤、匜、鑒。樂器有鐘和鎛。鼎是食器中最多、時代特徵也最明顯的器物。春秋早期，附耳鼎

增多，柱足改爲兩頭寬中間細的半圓形瓦狀蹄足。春秋中期以後，鼎多加蓋，作附耳，腹較深，高足改作獸蹄形。晚期鼎腹較淺，呈扁圓形，蓋作覆缽狀，頂有三紐，矮足。春秋中期成套的青銅編鐘發展很快，到春秋晚期不僅有甬鐘，更多的爲紐鐘。此時編鎛流行，太原趙卿墓出土十九件爲一組的鎛，能奏出七聲音階。鎛一般體呈合瓦形，紐作相對峙虎形，篆帶上下及兩篆間共有三十六鎛枚，有的枚作團狀的蟠龍形。目前見到的春秋時期有銘晉國器、有春秋晚期的晉公奠，其文筆畫纖細而多方折，但字大小不一，佈局鬆散，是未經加工的手寫體。邵鐘是春秋晚期魏氏器，其字圓筆較多，書體風格略顯柔弱。春秋晚期的趙孟疥壺銘文的字體極求美化，注重裝飾。其銘文記錄了西元前四八二年晉定公與吳王夫差的黃池之會。

齊文化區，西周初分封的異姓諸侯中，以姜姓貴族最爲顯赫。姜齊立國後，憑藉漁鹽之利，農工商並舉，很快壯大起來。以臨淄爲國都，其社會經濟和文化非常發達。在整個周代，齊國始終是一個東方大國，春秋戰國之交社會變革，也促成了齊國內部統治的變化，最終田齊政權取代了姜齊政權。東周齊國青銅器主要有：食器，鼎(圖 3-10)、鬲、甗、簋、簠、敦、豆；酒器，

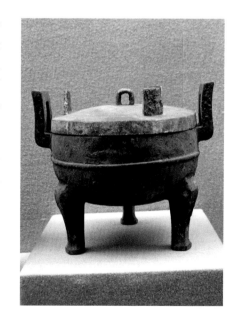

圖 3-10　戰國國子鼎，1956 年臨淄齊故城出土，山東省博物館藏（俄國慶／攝）

此鼎子母口，腹壁較直，直耳安於器口兩側，腹底近耳處，附有三個蹄形足。鼎蓋較平，蓋面微上鼓，中間有半環形紐及三個長方形紐。器身有凸弦紋一周，器蓋及內底各鑄陰文「國子」二字。高三十三公分，口徑三十四公分，足高十一公分。屬春秋晚期遺物。

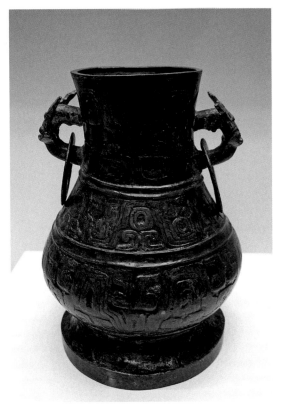

圖 3-11　春秋齊「洹子孟姜」青銅
壺，中國國家博物館「古代中國
陳列展」(孔蘭平／攝)

頸部內壁銘文記敘了齊侯的女兒
洹子孟姜家裏有喪事，齊侯自願
服喪，但是有些不合當時的禮制，
他通過管理禮制的大宗伯向周天
子請示，得到許可。

壺（圖 3-11）、犧尊；水器，盤、匜、鑒、罐；樂器，鐘、鎛（圖 3-12）；量器，

釜、鉶等。春秋時期齊國銅鼎多爲扁圓腹，具有三只較高的蹄足，帶平蓋，

呈豎折狀的二腹耳高於蓋面。有的鼎作長方立耳，形似南方的越式鼎。有

的鼎足雖作蹄狀，但粗拙短矮，很有特色。齊國銅簋風格獨特，兩耳作蛟

龍狀，蓋頂有蓮瓣裝飾，通體飾波曲紋。這種龍耳簋均做工精湛，是典型

的春秋時期的齊國器。戰國早期具有上述特徵的簋依然存在，但龍耳相對

粗簡。敦用來盛黍、稷、稻、粱等。敦的形狀是蓋與器相合成球體，俗稱「西

瓜敦」。敦一般兩側有環耳，器與蓋各有三環足或紐。有的圓形平底敦的

蓋上有四環紐。臨淄褚家莊出土的春秋晚期銅敦在同類器中時代是最早的，有的學者推測銅敦可能源於齊國。錍的器形近長方形而四角略圓，平底，兩側多有二環耳，蓋頂略鼓上鑄四環紐。此種錍爲齊國所獨有。春秋時期齊國青銅器銘文主要表現爲兩種特徵：一是未加工的手寫體，其字形較方、筆劃舒張、風格豪放；二是經過加工的藝術字，表現爲字形瘦長而工整，筆劃流暢，豎筆長垂而迂曲蜿蜒。戰國中期以後，齊國金文較之春秋時期已有很大變化，字體呈長方形，排列規整，筆劃簡約，已具有了地方色彩。

秦文化區，關西之今陝西、甘肅地區在春秋時期均屬秦國。其青銅器

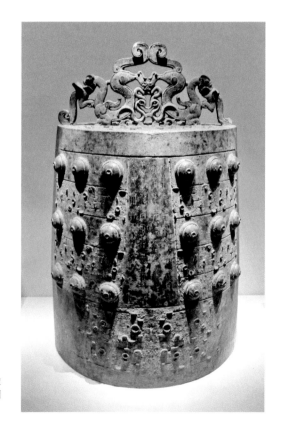

圖 3-12　春秋時期齊國的鎛鐘，傳 1870 年山西榮河后土祠出土，中國國家博物館藏（李鷹／攝）

在春秋早期多承繼西周晚期作風，至春秋中期始開闢了自己獨特的發展道路。春秋秦國銅器中有一些器類是很獨特的。在形制上最富特徵的器類是淺腹、蹄足根上接於下腹部的秦式鼎。另外，立耳鼎是秦國銅鼎唯一的形制。春秋中期後流行淺腹，雙獸首半環耳的簋是秦器中較有特點的器類。二十世紀初甘肅天水禮縣出土的秦公簋（圖 3-13），就是這個時期的代表作

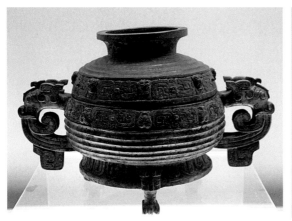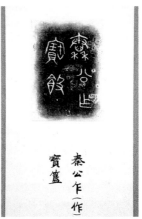

圖 3-13　春秋早期秦公簋及其拓片，甘肅禮縣大堡子山秦公墓出土，上海市博物館藏（孔蘭平／攝）

品，秦公簋上的一百零五字銘文，記錄了秦景公自述的秦國的歷史。秦式青銅短劍最具特色，它的特徵是頸部多加以精心修飾，有鏤空或半鏤空的紋飾，格部有紋。

　　楚文化區，楚人西周時主要活動在漢水、長江一帶。春秋戰國時通過吞併其他諸侯國，疆域不斷擴大，成為七雄之一。東周時期楚國青銅器鑄造業非常發達，其青銅器既有著較突出的自身風格，同時也表現了華夏文化的特點。楚器上的立體浮雕裝飾技高一籌，器足、耳和鐘、鎛的紐，常

鑄浮雕動物。以失蠟法鑄造的銅器出現，這種新技術使得銅的裝飾更加細膩精美。河南淅川下寺楚墓出土的銅禁，禁面四邊和側面用多層銅梗鑄成網狀而互相糾結的蟠虺紋，從而達到了玲瓏剔透、節奏鮮明的高層次藝術效果。春秋時期最著名的楚器，當屬王子午鼎（圖 3-14）（圖 3-15）。一九七八年河南淅川下寺楚墓出土的王子午鼎，鼎寬體、束腰、平底、斜立式耳，口部有一周厚邊，器身周圍有六個浮雕夔龍作攀附狀，獸口咬著鼎的口沿，足抓著鼎的腰箍，使鼎在香煙繚繞中有升騰的感覺。鼎蓋作平頂微弧，有圓形紐。蓋、頸、腹內壁均鑄銘文，腹銘八十四字，表達了對先祖的追思，敘說了王子午自己施德政於民的業績，並教育子孫須以此為準則。全文語詞流暢押韻，是楚國青銅器上不多見的長篇美文，具有重要的史料價值。器物主人地位顯赫，他是楚莊王之子、楚共王的兄弟，曾任

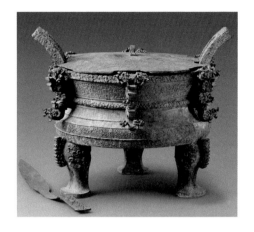

圖 3-14　春秋楚國王子午鼎（附匕），1978 年河南淅川下寺二號墓出土，中國國家博物館「古代中國陳列展」

腹內壁銘文主要內容是王子午敍說自己的德政，同時上祭祖先、下為子孫祈福。

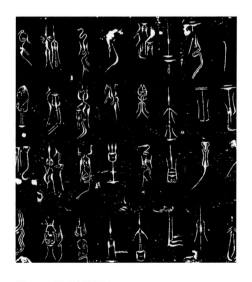

圖 3-15　王子午鼎銘文

大意為：「王子午自鑄銅鼎，以祭先祖文王，進行盟祀，他施德政於民，因而受到尊重，望子孫後代以此為準則。」

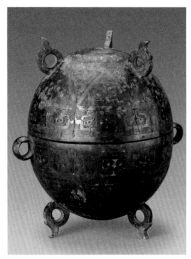

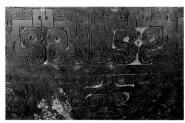

圖 3-16　戰國中晚期蟠龍紋敦及其腹部紋飾，1981 年北京通州區中趙甫村磚瓦廠出土，首都博物館藏

楚國令尹（宰相）。楚國銅器銘文與中原地區相比，有很大的特殊性，不但有異形字，而且還創造了許多新字，在字的結構與筆劃上也出現新的特點，字體修長和字體方扁。

燕文化區，燕國是北方的一個大諸侯國，其始封都城，古稱爲薊。根據考古資料，學者普遍認爲，北京房山區琉璃河一帶是周初燕國的都城所在地。春秋時期，燕國與中原各諸侯國來往較少，這主要是由於戎狄族阻隔的原因。

春秋時代燕國青銅器的種類主要有：食器爲鼎、簋、甗、豆、敦（圖 3-16）、匕；酒器爲壺、瓿、缶；水器爲盤、匜、鑒；還有銜環大鋪首、銅人等。春秋晚期的燕鼎，呈較低的馬蹄狀，突出了鼎的深腹特點，有的鼎蓋有三個環紐，紐周緣特別寬，與常見的環紐有別。燕簋造型頗爲獨特，皆爲深腹，腹下收幾乎成半圓形，腹上有雙環耳，其微隆的蓋飾有三鳥狀紐。燕國敦多作長圓形。其中高足敦，高口，深腹，三蹄足較高，有蓋，蓋頂心有一環紐，近邊緣處有等距離的三環紐或三鳥首。而環足敦，蓋、器同形，以子母口相扣，扣合嚴密。蓋頂與器底均置三環紐或三環足。燕匜特點也較爲突出，多爲橢圓體，圓底，馬蹄形高足，其鳥首流嘴上半部有活動的蓋，鳥首鋬。河北唐縣北城子出土的獸首鋬匜，腹兩側有小銜環鋪首，是較罕見的實例。一九八二年江蘇省盱

眙縣南窰莊出土的金銀錯銅絲網套壺最爲精美和最具歷史價值。壺作侈口，長頸，圓腹，圈足。肩和腹上的網套爲失蠟法鑄就，由九十六條捲曲的龍和五百七十六枚梅花釘交錯套扣，玲瓏剔透。銅套中間有錯金雲紋銅箍，箍上有獸首銜環和倒垂的浮雕獸各四個，環與立獸上均有錯金銀紋飾，壺頸與圈足亦飾錯金銀紋飾。壺口沿刻銘標記了壺的容量，圈足外側刻有「陳璋伐（燕）之獲」的字樣，記錄了西元前三一五年齊國與燕國的戰爭。

　　吳越文化區，春秋時期，東南地區的越人建立了吳國和越國。吳越兩國地處長江下游三角洲地帶，南北相連，有共同的族屬和文化經濟基礎。青銅器方面，也有相當多的共同點。吳越青銅器的特點是：一方面，其形制、紋飾和風格，多爲春秋中原列國流行式樣的禮樂器；另一方面，吳越青銅器又有較濃厚的地區風格，變形是其與中原的器物相比有較大變化之處。吳越青銅兵器製作精良，吳王劍和越王劍早已名滿天下。（圖 3-17）另外吳越地區出土青銅農具的種類和數量與其他列國相比是較爲突出的。吳越

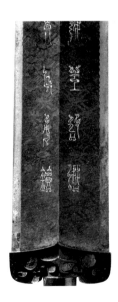
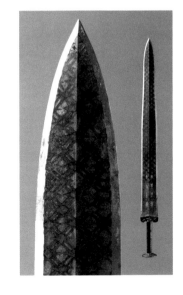

圖 3-17　勾踐青銅劍，湖北江陵，望山一號楚國貴族墓出土

富有區域特徵的青銅器，主要有鼎、簋、尊、卣、盤（圖 3-18）。吳越鼎與中原的大致相同，區別是口沿上立耳較小，圜底淺腹，少數為深腹，三足細高而外撇，人稱「越氏鼎」。這種鼎一般容積較小，外觀也不厚實強壯，三足作外撇狀，給人以穩定感。吳越地區沒有帶蓋簋和圈足下支三小足的簋。簋耳下也很少有垂珥。概括地說，吳越的簋大多是體矮，圓口，口沿較捲，低頸，橫寬腹，圈足較低，器形的變化較多。簋耳的樣式是多樣的，多是獸耳、環耳、矮空耳，少數的簋耳配置垂珥或鏤空花脊。尊在中原地區西周晚期已消失。到了春秋晚期淮河以南和江南又重新出現。吳越尊的腹部鼓出呈豐滿的圓弧狀或相當突出的扁球形，兩者有顯著的區別，尊頸和腹部的紋飾獨具地區特色。在中原地區，銅卣早在西周穆王後就退出了禮器的行列，可春秋晚期又在江南出現。這些卣仍是有蓋，有提梁，多橢圓體，

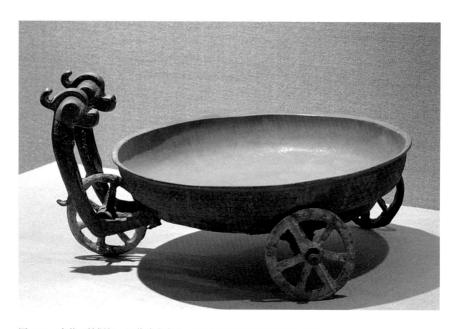

圖 3-18　春秋三輪銅盤，江蘇武進出土，中國國家博物館藏（聶鳴／攝）

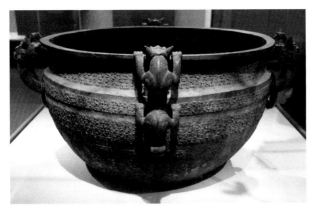
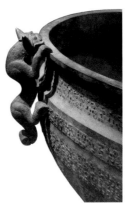

圖 3-19　吳王夫差鑒及其局部，春秋吳國，器物高四十四
點八公分、口徑七十六點五公分，河南輝縣琉璃閣出土，
中國國家博物館藏（楊興斌／攝）

低圈足，腹部有垂腹式、鼓腹式和圓球式。卣的局部或細部都具有一些地
區特點。吳越青銅器銘文，字體清新秀麗，結構多用縱式。它的發展過程，
大約先是結構細長，筆劃秀整，顯得十分華貴典雅。在這基礎上進一步修
飾，具有了結構繁縟、筆劃回環的特點。春秋中期出現了花體書體，實即
篆書的變體，人稱「鳥蟲書」。該體是一種帶有裝飾性的類似圖案文字的美
術字，大多用回環盤曲的蛇蟲形紋飾或鳥形圖案作為附飾。「鳥蟲書」變化
豐富多樣，表現出強烈的裝飾意識。吳越青銅器以春秋中期者減鐘上的長
篇銘文最為稀貴。其銘文、辭彙同於中原，為吳國貴族習誦中原典籍的例
證。安徽壽縣蔡侯墓出土形制相同的春秋晚期鑒二件，內壁有銘，記為吳
王光嫁女叔姬寺吁於蔡的媵器。吳王夫差鑒（圖 3-19）和吳王孫無壬鼎腹內分
別銘記吳王夫差「自作御鑒」和「吳王孫無壬之胠鼎」，均為春秋晚期著名
王器。

禮在東方

中國青銅器

4

工巧材美
——戰國青銅工藝

▌導言

　　春秋之後，中國歷史進入了七國爭雄的戰國時代（西元前四七五年至前二二一年）。伴隨著鐵器時代的到來，中國青銅文化開始進入尾聲。

　　戰國早期的青銅器繼續行用春秋晚期的形制，依然精彩。但對紋飾進行了革新改造，除蟠螭紋外，流行鉤連雷紋、貝紋、綯紋，同時大量出現方塊形成的三角形雲紋。貴重器物往往採用生產工序最爲繁複、形式最爲華麗的錯金、錯銀、嵌錯紅銅、松石和細線刻鏤等先進的工藝技術。一些嵌錯著描寫當時貴族宴飲、樂舞、射獵等現實生活圖像的器物，斑駁陸離，多彩多姿。狩獵紋銅壺、嵌松石蟠螭紋豆、螭梁盉，都是這個時期青銅器工藝的代表作品。

　　戰國中晚期，青銅器的製作風格發生了大的改變，設計趨於輕靈奇巧，簡易實用，除禮樂器外，有大量生活用品問世。銘文除個別長篇外，多爲「物勒工名」。

　　戰國時期，七雄並起，爭戰不已，兵器製造業得到迅速發展。遠射的三稜矢鏃〔圖 4-1〕此時改成鐵鋌。戈均爲長胡多穿，援瘦長。矛呈錐體，由

111

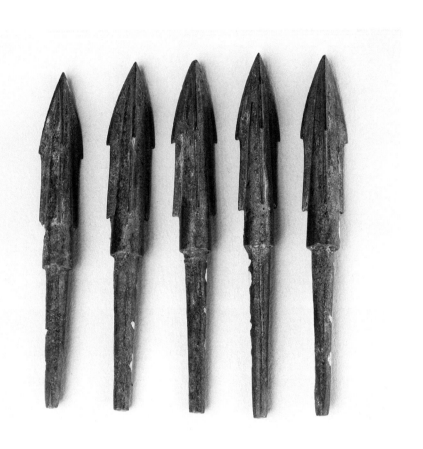

圖 4-1　戰國青銅鏃

稜線上伸出的側刃前聚成鋒。

　　此期青銅樂器已發展到了相當高的水準，有的數十枚甬鐘、紐鐘配以低音的鎛組成編鐘樂隊。經測音，已構成複雜的音律體系，有的還載有完整的樂律銘文。

　　能反映這一時期工藝水準的還有銅鏡與帶鉤，它們同屬生活用器。最早的銅鏡出土於齊家文化墓葬（約西元前二千年），商、西周、春秋亦有出

土，但直至戰國時期才大量出現，尤以南方楚國墓葬出土居多。鏡多爲圓形，質輕體薄，弦紋紐，紋飾多幾何圖形、人物圖形和動物形。

帶鉤又名犀比，它既是服具又是裝飾物，因此做工十分考究，有鎦金、錯金銀、嵌玉等工藝。形制則有琵琶形、獸形等。

在其後相當長的時間裏，青銅器流入民間，脫去神秘的外衣，以日常生活用品和工藝品的身份，留存在社會生活裏。但是，隨著禮制傳統的延續，作爲藏禮工具的青銅禮器，在其後歷代禮儀制度中，仍保留著它不可替代的地位。

儘管中國「青銅時代」的起訖時間尚有爭議，但先秦青銅器所含有的歷史資訊、藝術資訊和科技資訊的重要價值，無疑是其他時代銅器不可比擬的。

▌青銅樂器的成就

　　戰國時期，青銅製造業保持在高水準，樂器也有了進一步的發展。這時期的樂器以打擊樂器為主，尤以編鐘和編磬最為重要，禮樂主要還是為政治服務的。雖然戰國初期出現了文化下移的現象，但有的統治者仍然是通過音樂來達到統治的目的，重視雅樂，鐘磬就得到重視。編鐘屬於青

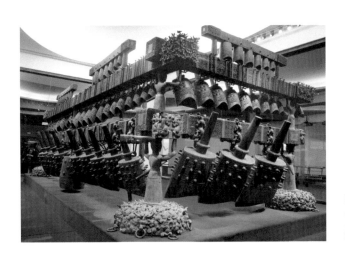

圖 4-2　戰國早期曾侯乙編鐘，湖北隨州曾侯乙墓出土，湖北省博物館藏（楊興斌／攝）

銅類樂器，無論從其社會性、功能性、藝術性哪一方面來看，它都是戰國時期當之無愧的代表。一九七八年湖北隨州曾侯乙墓出土的編鐘（圖 4-2），向人們揭示，戰國初期的編鐘藝術達到了歷史的高峰。

「樂懸」實指鐘、磬等大型編懸樂器的配置，是周代禮樂制度中體現等級的重要內容。曾侯乙墓出土的樂器，首先使人們對西周的禮樂制度有了一個形象的認識。曾侯乙鐘架兩面，磬架一面，其佈局正是《周禮》所說的「三面，其形曲」的軒懸。而以曾侯乙國君的身份，享用軒懸之制於禮制相合，證實了文獻記載的可靠性，對於研究周代禮樂制度，提供了實例。

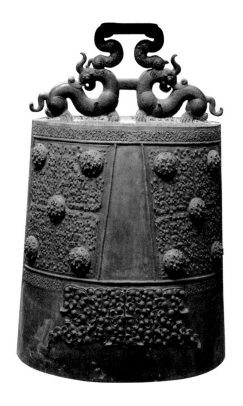

圖 4-3　戰國早期曾侯乙編鐘（楚惠王送的鎛鐘），湖北隨州曾侯乙墓出土，湖北省博物館藏（楊興斌／攝）

曾侯乙編鐘（圖 4-3）為青銅鑄造，做工精細，結構非常龐大，全套編鐘分三層懸掛：上層為紐鐘十九枚，主要用來定調。中層甬鐘三十三枚，為主要演奏部分。下層有甬鐘十二枚，用來和聲和烘托氛圍。另有楚惠王送的一枚鎛鐘，共計六十五枚。其中最大的一枚甬鐘通高一百五十二點三公分，重二百零三點六公斤。最小的一枚通高二十點二公分，重二點四公斤，鐘體總重量達二千五百六十七公斤。這四十五枚甬鐘構成了五個完整八度

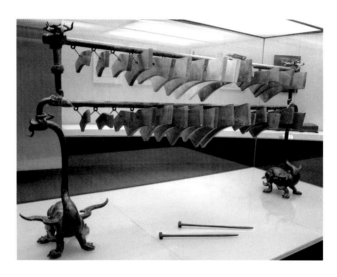

圖 4-4　戰國早期曾侯
乙編磬，湖北隨州曾侯
乙墓出土，湖北省博物
館藏（楊興斌／攝）

的有效音域，而音列中變化音（變聲）更趨完整，組成的音階結構更為完善。作為低音和聲、節奏演奏的下層十二枚大型甬鐘，其音域起於大字組的 C 音，止於小字組的 B 音。其間幾乎具備了完整的半音階結構，可演奏多種宮調的五聲、六聲和七聲音階的旋律。中層三個組的甬鐘音色悅耳，音區適中，為主奏旋律的重要樂器。經測定，這些甬鐘發音準確，音色優美，音域寬廣，變化音也比較完備，古今樂曲都能演奏，還能與今天的樂器合奏。曾侯乙編鐘及架、鉤上共有銘文三千七百五十五字，內容為編號、記事、標音及樂律理論，構成了一部重要的中國古代樂律理論專著。《國語·周語》中記錄了先秦十二音律的律名，卻與楚僅有一個姑洗（古代樂律名）是相同的。由此可見，楚樂儘管是在中原文化的基礎上發展起來的，卻自成體系，具有其獨特的地方特色，是中原文化不可替代的。

　　曾侯乙墓，這座被後人稱為「地下音樂廳」的寶藏，其樂器種類豐富，不僅有鐘、磬（圖 4-4）這樣的大型樂器，還有琴、瑟、笙、箏、竽、箎（chí）、排簫等小型樂器。這些樂器充分地反映出戰國時期豐富的、輝煌的音樂文化。

▌各國的金屬貨幣

　　最遲在商代，已經出現了貝幣，在商代貴族墓葬中不斷發現這種貨幣，與文獻記載完全一致。一九七一年，在山西保德還發現了一百多枚銅質的貝幣。空首布（圖4-5）（圖4-6）是春秋時期發展得比較成熟的金屬貨幣，其原型來源於農業工具鏟，是挖土翻地的鏟子，類似今天的鍬。最早的空首布都有安裝木柄的空腔。一九五九年在山西侯馬牛村古城南晉國遺址出土了鑄造空首布貨幣，高約十二公分，聳肩尖足，平襠，其中一件有面文六字，屬於春秋晚期晉國。布幣流行於兩周三晉地區。安邑鈫（jīn）布是戰國時期魏國的貨幣，安邑是地

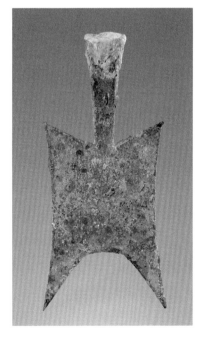

圖 4-5　大型無文聳肩尖足空首布，春秋後期，晉國鑄幣，北京市古代錢幣博物館藏

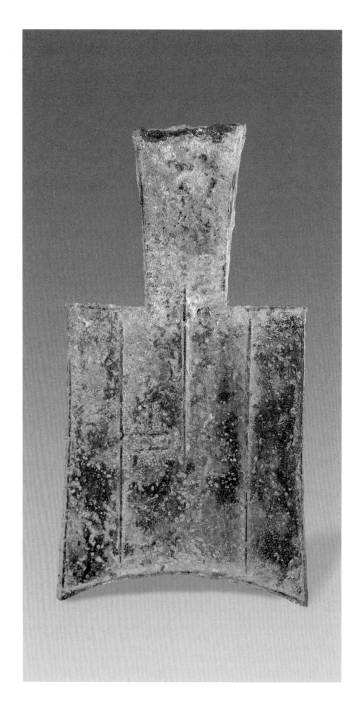

圖 4-6　土字平肩弧足空首布，春秋後期，晉國鑄幣，北京市古代錢幣博物館藏

名，魏國早期的都城，在今山西夏縣境內；釿是貨幣單位。（圖 4-7）圓錢就是圓錢，最初的圓形錢中間的孔也是圓形的，因此有人推斷圓錢是從紡輪演化過來的，也有人認為圓錢是由璧演變而來的。垣字圓錢是魏國貨幣（圖 4-8）。垣，即今山西垣曲一帶。圓形方孔五郭的圓錢，其上有「半兩」二字，流行於秦國，是半兩錢的最早形式。刀幣是春秋戰國時期主要貨幣之一，主要流行在齊國、燕國和趙國等地區，而以齊國的刀幣最著名。刀幣，形

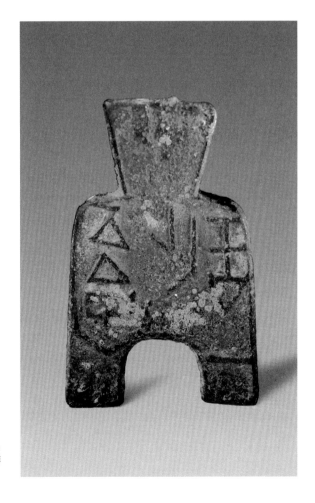

圖 4-7　安邑釿布，戰國時期，魏國鑄幣，北京市古代錢幣博物館藏

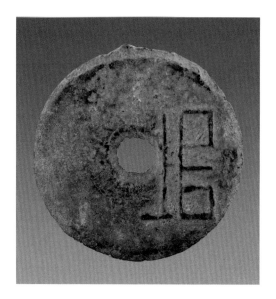

圖 4-8　垣字圜錢，戰國時期，魏國
鑄幣，北京市古代錢幣博物館藏

制爲弧背凹刃，長刀尖，扁平柄後接橢圓形環。這種刀幣是由商周時期的
一種手工工具環首刀演化而來的。刀幣上常見「安陽之法化」（圖 4-9）、「齊之
法化」、「齊返邦長法化」、「即墨之法化」、「博山」等錢文，錢文說明這些刀
幣是在齊國的即墨、安陽鑄造的，法化就是法定的貨幣之意。博山刀幣是
燕國佔領齊國之後在博山鑄造的貨幣，其歷史價值更高。此外，燕、趙兩
國同樣使用刀幣。燕國刀幣背成弧形，刃部內凹，長柄端有環。有的刀尖
尖銳如針，有的尖首尖而不銳。（圖 4-10）趙國刀幣，刀形平直、薄小。戰國
時期，以長江流域的楚國爲主，使用一種有字的貝形銅幣，俗稱「蟻鼻錢」，
也叫「鬼臉錢」。其形狀呈凸面橢圓形，面上有一小穿孔。目前發現較多的
是「咒」、「貝」、「君」、「金」、「行」字幣。

　　戰國的各種貨幣，可謂「百花齊放」，爲各國間的兌換和流通帶來了不
便。秦始皇統一中國以後，爲適應社會歷史發展的趨勢，用秦半兩錢統一
了全國的貨幣。

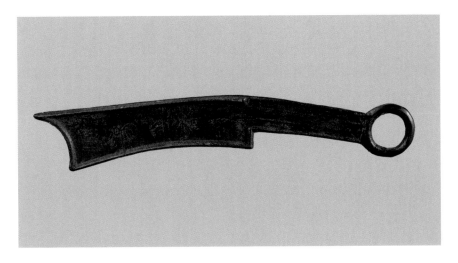

圖 4-9　安陽法化刀，戰國時期，姜齊鑄幣，北京市
古代錢幣博物館藏

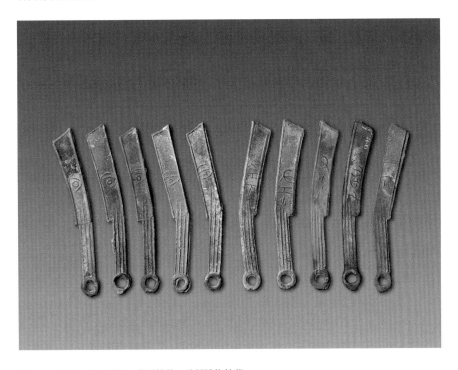

圖 4-10　明刀，戰國時期，燕國鑄幣，首都博物館藏

121

▌青銅器中的度量衡具

中國度量衡的發展有悠久的歷史。商周時期，奴隸制經濟文化已經相當發達，農業和手工業的發展，需要有相應的測量長度、容積和重量的度量衡器具與制度。目前所見最早的尺，是相傳河南安陽殷墟出土的商骨尺和牙尺，分寸刻劃採用十進位制。相傳春秋末期魯國的著名工匠公輸班，有豐富的實踐經驗，他首創魯班尺，享有「萬家不差毫釐」之譽。二十世紀初河南洛陽金村出土一把銅尺，銅尺一側刻十寸，第一寸處刻十一格，其餘九寸未刻分，五寸處刻交五線，一端有孔。

春秋時期，各諸侯國相繼進行了一些改革，如齊國「相地而衰徵」、楚國「量入修賦」、魯國的「初稅畝」，都承認土地私有而開始徵收田賦。新的生產關係的出現，度量衡顯得更加重要，度量衡的制度日趨完善。傳世的齊國右伯君銅權和荊州出土的楚國銅環權，說明春秋時期的一些諸侯國的單位衡重已經相對穩定。春秋晚期齊國舊政腐敗，新勢力的代表齊國大夫陳氏改變了舊秦的量制，用「大斗（陳氏家量）出貸，以小斗（姜氏公量）收」的辦法，籠絡人心，壯大自己的政治力量。改變齊國的舊量制正是其

爭奪民眾壯大自己的一種手段。到了戰國時期，封建生產關係確立，爲了便於商品交換和徵收賦稅，加強了度量衡器的製造。齊國的陳氏在奪取政權以後，把容量單位制由四進位改爲五進位，並頒發了標準量器。現存世的有子禾子銅釜（圖 4-11）和陳純銅釜。秦國商鞅變法，西元前三四四年頒發了標準量器——商鞅銅方升（圖 4-12）。商鞅銅方升「以度審容」的方法，便於按尺寸校準、複製推廣，按銘文規定，器物製作時是以十六點二立方寸爲一升計算的，反映了當時應用數學的發展。商鞅銅方升的底部刻有秦始皇

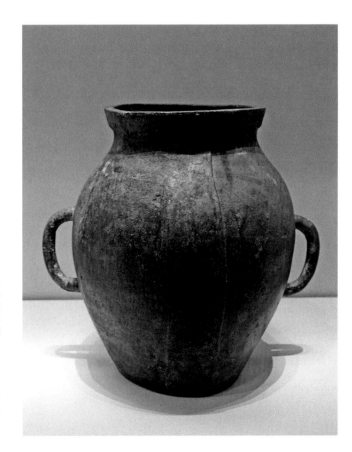

圖 4-11　戰國齊「子禾子」青銅釜，1857年山東膠縣靈山衛出土，中國國家博物館「古代中國陳列展」（孔蘭平／攝）

釜是齊國量器的一種。「子禾子」即田和子，是他當大夫時的稱呼。此釜是他未成爲齊侯之前鑄造的器物。

123

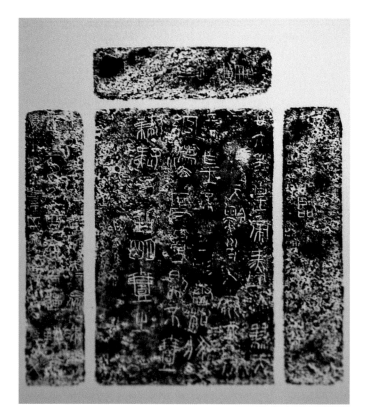

圖4-12 戰國秦「商鞅」青銅方升銘文拓片，中國國家博物館藏（孔蘭平／攝）

此器是秦孝公十八年（西元前344年）「商鞅變法」時所規定的標準量器。秦統一六國後，又在其底部加刻了秦始皇二十六年詔書，命令丞相隗狀和王綰把商鞅既定的制度推行到全國。

二十六年（西元前二二一年）統一度量衡的詔書，是秦統一後加刻上去的，說明秦始皇統一度量衡實際沿用了商鞅方升的標準。

　　春秋中晚期楚國稱量黃金貨幣，已經開始使用銅衡環權（圖4-13），這種小型衡器製作精緻，最小的環權重一銖，約合今天的○點六克。一九五九年在安徽鳳台發現鑄造這種環權的銅母範，一次可鑄環權兩套，每套五枚。當時楚國廣泛地使用這種衡器。北方使用的銅權與楚國不同，一九七六年河北平山縣戰國中山墓出土的銅權，體呈瓜形，有稜，底部略收，上有環紐。還有，一九六四年陝西西安阿房宮遺址出土的秦國高奴

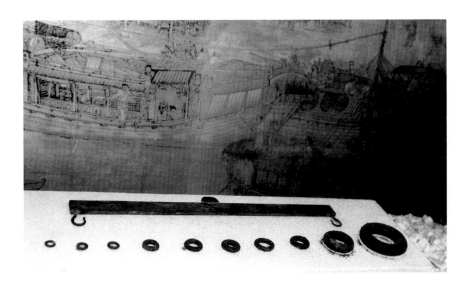

圖 4-13　戰國楚銅衡環權，山西省祁縣古城度量衡博物
館藏（羅紅／攝）

權，權作半球形，平底，頂端有鼻紐，正面鑄凸起陽文十六字：「三年，
漆工㠯、丞詘造，工隸臣牟。禾石，高奴。」此權自銘爲石權，折算每斤
合二百五十六點三克。權的另一面加刻秦始皇二十六年詔書和秦二世元年
詔書。此權自始鑄至秦二世元年，三次鑄刻銘文，長期作爲標準器使用，
反映了自戰國至秦朝一直保持著統一的衡制。

▍生活中的藝術品

　　中國銅鏡最早產生於西元前二○○○年左右黃河上游的甘青地區，尕(gǎ)馬台銅鏡是已發現的中國最古銅鏡，是一件罕見的藝術品。它的背紋是以三角紋折轉成圓周，中心襯成七角星形，有高超的匠意。就鑄造工藝而言，鏡原有紐，製作也較複雜。此後銅鏡的製造中心開始轉入中原地區，經過殷商、西周的發展，戰國時期，銅鏡隨著實用技術的提高、實用性的增強，開始在中原地區和長江流域普遍流傳。

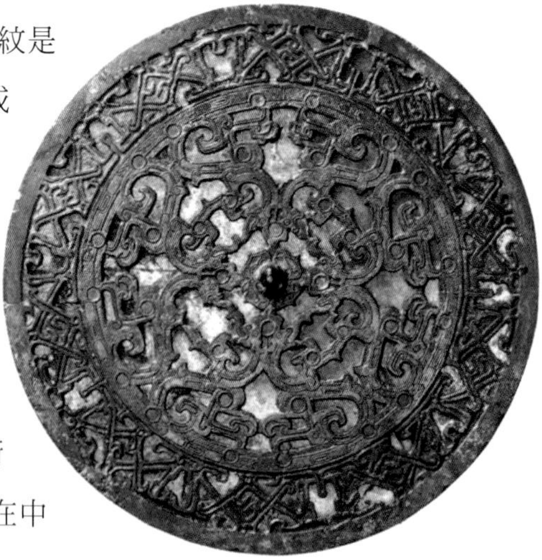

圖 4-14　戰國楚透雕蟠螭紋青銅鏡，1976 年湖北江陵張家山出土，中國國家博物館藏

　　現在的河南和湖南是戰國時期南、北兩個重要的銅鏡產地。湖南是楚國領

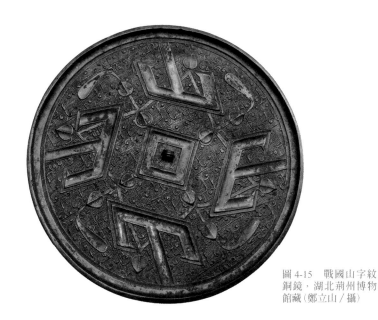

圖 4-15　戰國山字紋
銅鏡，湖北荊州博物
館藏（鄭立山／攝）

地，它製作的銅鏡輕薄，厚度在零點一至零點八公分之間，直徑一般在十
至二十公分之間；圖案精美，一般都運用了主紋和地紋二層或多層重疊的
手法，配置成富於空間透視效果的圖案，儘管仍沿用了商周時期的蟠螭紋、
虺龍紋、渦紋、雲紋等，但由於變樣而失去了宗教涵義。（圖 4-14）這正是
舊體制崩潰，新體制崛起，從而帶來了萬象更新局面的實物見證。河南洛
陽自周平王東遷以後，一直作為東周的都城。這時雖然處於諸侯爭霸、七
國稱雄的混亂局面，但周王直至戰國末年還保持著天下共主的地位，王室
所在地洛陽，也仍是「商遍天下」、「富冠海內」的名都。這裏聚集著眾多的
手工業奴隸，稱為「百工」。周靈王時命「百工獻藝」，為王室製作出許多「名
器重寶」，其中也包括有精美的銅鏡。（圖 4-15）一九二八年，在洛陽金村戰
國墓葬中出土了十九面銅鏡，即錯金銀狩獵紋鏡、八弧虺龍紋鏡、變形羽

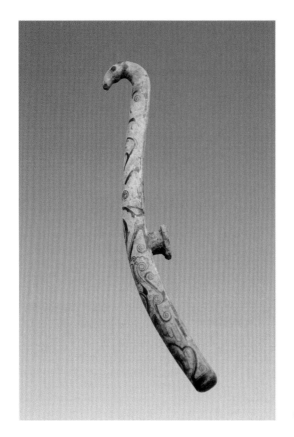

圖 4-16　戰國銅帶鉤，湖北荊州博物館藏（楊興斌／攝）

狀紋地三山三獸紋鏡、細紋地四葉禽獸紋鏡、蟠螭紋渦紋鏡、錯金銀虺龍紋鏡、彩繪細紋地四禽紋鏡、嵌玉四夔透雕方鏡、嵌琉璃玉貝鏡等，因屬王室及貴族使用之物，故工藝極精，表明戰國時代各種新的工藝技術正在迅速興起。這就更豐富了銅鏡裝飾的藝術表現手段和色彩效果。從紋飾看，戰國銅鏡已開始出現寫實性的龍飛鳳舞、歡快流暢的氣氛。金村戰國時期周墓出土的狩獵紋銅鏡，其背面用錯金銀工藝製成一副全甲冑的騎士，手執短劍與猛虎相搏，畫面充滿了生機。

　　戰國以後，銅鏡工藝繼續發展。西漢銅鏡逐漸厚重，鏡上常有吉祥語

的銘文。還出現了「見日之光」透光鏡，即當鏡面承受日光時，牆上就反映出與鏡背相對應的圖案。新莽時期一種規矩紋鏡十分流行。東漢中期至魏晉時，流行浮雕的畫像鏡和神獸鏡。唐代是中國銅鏡發展的巔峰，它不僅製作精美，而且打破了傳統銅鏡為圓形具紐的單一模式，出現了方形、菱花形、葵花形和帶柄手鏡等多種形式，紋飾也變得豐富多彩，有花蝶、葡萄、鳥獸、人物故事等。這一時期還出現了金銀平陀螺細鏡。宋代開始鑄鏡技術逐漸走向衰退，宋鏡紋飾以纏枝花草、牡丹等為主，自南宋湖州是最著名的鑄鏡中心，鏡背常附有製鏡作坊的標記。清代乾隆以後，銅鏡漸被玻璃鏡所取代。

帶鉤是古代束腰帶上的掛鉤，多用青銅製造，基本特徵是一端曲首作鉤，背有蘑菇狀的短柱銅扣。（圖 4-16）根據出土器物考證，帶鉤出現於春秋期。最早的帶鉤出土於山東蓬萊村里集春秋早期墓。戰國時期帶鉤使用廣泛，流行各地。帶鉤形式很多，有竹節形、琵琶形、各類動物形（圖 4-17）等，

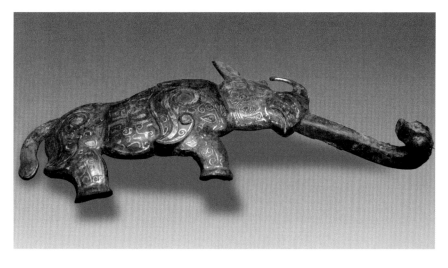

圖 4-17　戰國犀牛形帶鉤，重慶中國三峽博物館藏（楊興斌 / 攝）

129

人們使用帶鉤，不僅爲日常所需要，更是身份地位的象徵，尤其王公貴族所用帶鉤甚爲精美，多採用了包金、貼金、鍍金銀、鑲嵌玉和綠松石等工藝，斑駁陸離，多姿多彩。（圖 4-18）

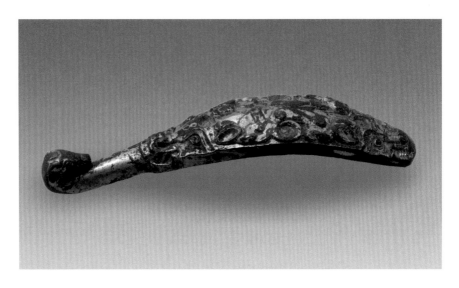

圖 4-18　戰國獸面紋鎦金銅帶鉤，河南新鄭博物館藏（磊鳴／攝）

　　青銅燈始於戰國時期，《楚辭》有「華鐙錯些」的詞句，即是對燈的詠頌，它反映了戰國時期青銅燈具的工藝之巧。燈的樣子很多，較普通的是上有圓盤，盤內有釬，盤下有柱，柱下有圈足（圖 4-19）；也有盤下作雁足狀的，盤用來盛油或插燭。另有一種燈自銘爲「行燈」，它圓盤邊有把，盤下有三短足。青銅燈最富感染力的當屬那些鑄成人形（圖 4-20）、禽形、獸形、樹形的藝術造型燈。如戰國中山王墓出土的十五連盞燈，全燈除有十五分枝上托燈盤外，還有人、猴、鳥、螭等活動的場面，顯示出生動活潑的情

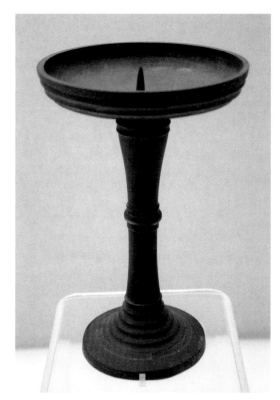

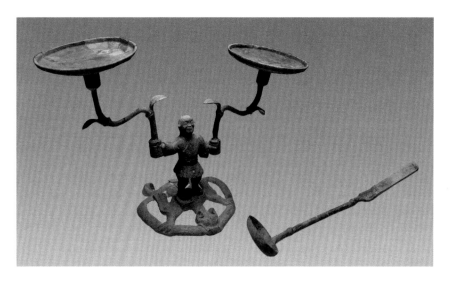

圖 4-19　戰國瓦狀紋高柄銅燈，湖
北江陵望山二號墓出土，湖北省博
物館「楚文化展」（楊興斌／攝）

圖 4-20　戰國時期齊國武士人形
銅燈，高二十三點九公分、盤徑
十一點五公分、勺長二十二點七公
分，1957 年山東諸城出土，中國
國家博物館藏（王達寧／攝）

景。又如河北滿城漢墓出土的長信宮燈（圖 4-21），整體爲人形，周圍有壁及可開合的門，以調節氣流和照度。漢代燈的造型很多，主要有豆式高燈、雁足燈（柄部作雁足形）、行燈（有柄可手持行走）、橢盒狀轆轤燈、卮燈、釭（gāng）燈（人物形、牛形、羊形、雁形）等。西漢時期的銅朱雀燈，分燈盤、朱雀和盤龍三部分，展現了在裝飾上的簡約美。朱雀昂首翹尾，嘴銜燈盤，足踏盤龍，做展翅欲飛狀。雙翅和尾部陰刻纖細的羽毛狀紋。燈盤爲環狀四槽，內分三格，每格各有燭釺一個。盤龍身軀捲曲，龍首上仰。此燈造型優美，形象生動，而又厚重平穩。

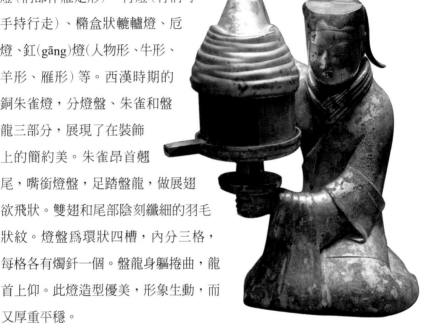

圖 4-21　西漢長信宮燈（複製品），河北滿城漢墓出土（磊鳴／攝）

▌ 信譽和權力的重要憑證

　　璽印出現在春秋時期，而廣泛應用於戰國。璽印的出現和發展，是中國特有的文化現象。春秋戰國時期，諸侯各國的官吏數量大幅增加，並不斷更替，這就需要發給任官一種可茲證明身份並保證其順利行使權力的憑證，於是官璽也就應運而生並發展起來。城市和商業的發展，使人與人之間的關係也隨之產生了根本變化。人們交往，特別是商業往來需要一種憑證，於是，私璽也就出現了。「信」是璽印的本質，而決定璽印性質的是璽印、姓名璽。官璽的材質有銅、玉、陶三種，以銅爲主。私璽也以銅爲主，還有玉、瑪瑙、象牙、琉璃等選材。官印的形制有三，正方形、長方形、圓形。私璽印體較多，除上述三種外，還有橢圓形、心形、矩形、花瓣形。印紐有鼻紐、壇紐、橛紐等式。印面刻字，分爲陰文和陽文。銅璽文則與印體一同鑄出。鈐有古璽印的封泥，是古人封緘物品時鈐蓋的物主印章，作爲物主標記與防僞的封泥。如「郢稱」，這是楚國的金幣，其上鈐有印文「郢稱」二字，代表國家的信譽。古人篆刻印章，原本以實用爲目的，但刻印者非常注意印章的藝術效果，元以前的印章，藝術只是實用的附屬品；明清時期文人參與印章篆刻，並以優

質石料製印，創作出大量篆刻藝術品，同時也湧現一批篆刻藝術家。這樣在中國古代印章中就出現了以實用為主的官私印章，及以藝術欣賞為主的明清流派印兩大系統。

　　符節為某些特殊權力的信物，是傳達王命的憑證，與中國古代中央集權政治有著密切關係。符是傳達命令或調兵遣將所用的憑證。一符從中剖為兩半，有關雙方各執一半，使用時兩半符合，表示命令驗證可信。符多作虎形，世稱虎符。現存最早的銅符是一九七三年陝西西安郊區發現的秦國杜虎符（圖4-22）。虎符上有錯金銘文九行四十字：「兵甲之符。右才（在）君，左在杜。

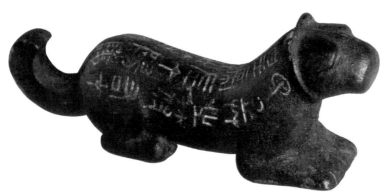

圖 4-22　秦虎符，陝西西安出土，為戰國時秦國將領所執之物

虎符為古代軍事活動信物，國君執右，將領持左，左右虎符合併驗證方可調兵。

凡興士被甲，用兵五十人以上，必會君符，乃敢行之。燔燧之事，雖母（毋）會符，行毆（也）。」虎符上銘文的意思是說，右半符存君王之處，左半符在杜地的軍事長官手中，凡要調動軍隊五十人以上，杜地的左符就要與君王的右符會合，才能行軍令。但遇有緊急情況，可以點燃烽火，不必會君王的右符。器物銘文是在虎身鏤刻陰文，再將金絲嵌入陰文之內，最後鏤平打磨光亮，雖歷經二千多年，仍熠熠閃光。字體絕大部分是小篆，規整挺秀。節是古時由帝王或政府頒發的用於水陸交通的憑證。就形制而言，有虎形、馬形、

龍形、竹節形。早期的節是剖竹爲之，《周禮・小行人》中有所記載。後來雖用青銅鑄造，但仍多取竹節之形。一九五七年及一九六○年安徽壽縣丘家花園出土的鄂君啓節（圖4-23），包括有二件舟節和三件車節，合在一起呈圓筒狀。節面文字錯金，各有九行，舟節一百六十三字，車節一百五十四字。

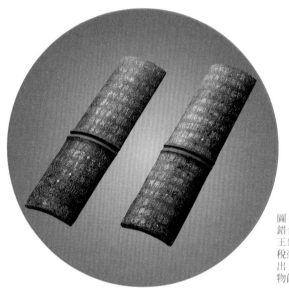

圖4-23　戰國楚地錯金鄂君啓銅節（楚王頒發給鄂君的免稅憑證），安徽壽縣出土，中國國家博物館藏

據銘文記載，其鑄造時間是楚懷王六年（西元前三二三年），爲懷王頒發給封地在今湖北鄂城的鄂君啓於水陸兩路運輸貨物的免稅通行證。銘文還嚴格規定了水陸運輸的範圍、船隻的數量、載運牛馬和有關折算辦法，以及禁止運送銅與皮革等物資的具體條文。此節爲研究其時楚國的符節制度、商業、交通和楚王同封君上下關係提供了重要的實物證據。另外，其器形迄今爲止僅此一見，更顯珍貴異常。

▌諸侯國君墓再現昔日奢華

在發掘戰國時期諸侯國君墓地的工作中，考古人員已有一些重要的發現，現擇要予以介紹。

一九七八年考古工作者在位於湖北隨州城西二公里的擂鼓墩東團坡上發掘了戰國初期曾國國君乙的墓葬。根據事死如生的觀念，曾侯乙墓的結構與佈局宛如地下宮殿，整個墓葬分作東、中、北、西四室。在東室，

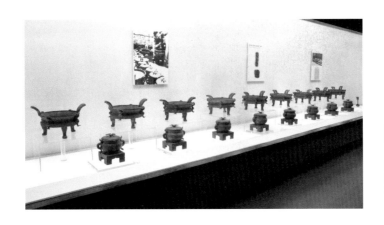

圖 4-24　戰國早期青銅禮器：「九鼎八簋」，湖北隨州曾侯乙墓出土，湖北省博物館藏（楊興斌／攝）

曾侯乙留下的遺物多為武器、樂器、馬具、裸漆的日常用具、玉器、珠飾、金器等。中室，全部放置禮器與樂器，禮器成排成組，井然有序（圖4-24），極為精湛的青銅尊盤就置放於此。聞名遐邇的青銅編鐘安置在尊盤的對面，一架編磬靠近北壁，與編鐘組成三面環繞的形式。其間有瑟、笙、排簫等樂器和裸漆的酒具，以及用於宴飲的漆俎。西室是殉葬者。北室，用作儲藏，其內附設了一個大木架，主要存放兵器、車馬器與甲冑。另外還出土有二百四十枚竹簡，這些竹簡記載了用於葬儀的物品以及葬儀的規模。曾侯乙墓出土的青銅器及其鑄造工藝在中國青銅時代也

圖 4-25　戰國早期銅鑊鼎，湖北隨州曾侯乙墓出土，湖北省博物館藏（楊興斌／攝）

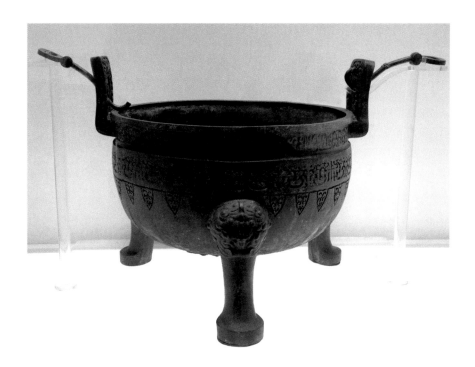

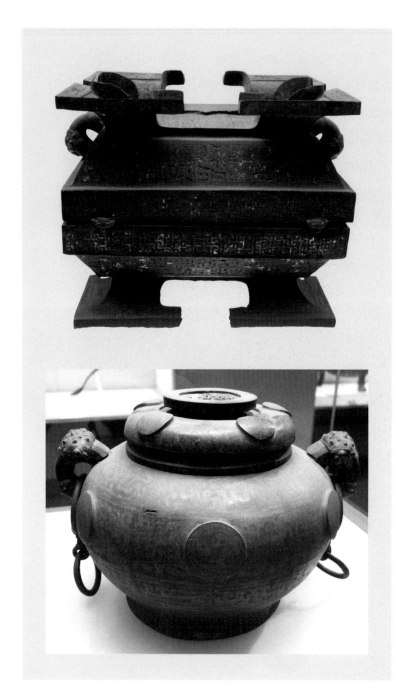

圖 4-26　戰國早期銅
簠，湖北隨州曾侯乙
墓出土，湖北省博物
館藏（楊興斌／攝）

圖 4-27　戰國早期鑄
鑲紅銅紋飾盥缶，湖
北隨州曾侯乙墓出
土，湖北省博物館藏
（楊興斌／攝）

是一流的。（圖 4-25）（圖 4-26）曾侯乙墓出土青銅禮器和用具共有一百三十四件，其中禮器一百一十七件、用具十七件。（圖 4-27）（圖 4-28）兩類重量計有二千三百四十四點五公斤。若加上編鐘以及其他青銅鑄件的重量，曾侯乙墓出土青銅器的總重量達到十點五噸。

　　曾侯乙墓出土的青銅器所顯示的工藝成就，首先是失蠟法的應用，它較春秋中晚期的失蠟鑄件要成熟得多。其次證明傳統的複合陶範鑄造技術，

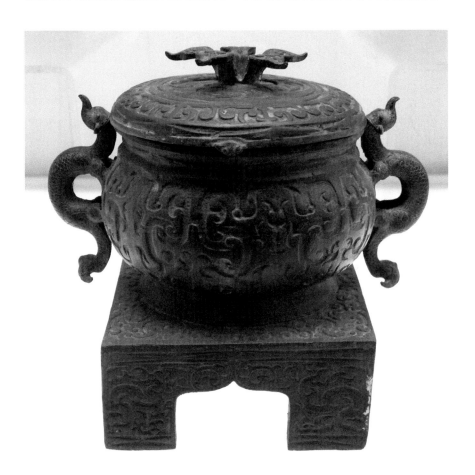

圖 4-28　戰國早期銅簋，湖北隨州曾侯乙墓出土，湖北省博物館藏（楊興斌／攝）

以及分鑄法、鑄鑲法、嵌錯工藝有了新的發展。曾侯乙尊盤（圖 4-29）的某些裝飾件是用失蠟法鑄造的，它所顯示的慧心與巧智，不能不使人折服。曾侯乙墓出土的鑒，是大型的酒器，並且可以盛冰，用來冰鎮酒漿，所以叫冰鑒。冰鑒的發明，使曾侯乙在祭祀或宴饗時，沒有熱天的顧慮，他能夠隨時捧出醇厚清冽的美酒。另一件曾侯乙墓出土的著名文物是聯禁壺（圖 4-30），壺是酒器，是常見的；禁是承放酒器的几案，很少見。這些遺物凝聚了文化軸心時代的精神，顯示出我們民族在開啓自己文明行程伊始的風貌。

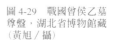

圖 4-29　戰國曾侯乙墓尊盤，湖北省博物館藏（黃旭／攝）

　　安徽壽縣朱家集李三孤堆戰國晚期楚幽王墓，是迄今發現的唯一可以確認的楚國國君墓。《越絕書 · 吳地記》記載威王以下的楚王墓都在「壽春東鳧陵亢」。楚壽春古城在今安徽壽縣西南二十公里，楚幽王大墓正是在它的東面。這座大墓先後三次被盜，分別是在一九三三年、一九三五年和一九三八年。由於此墓幾次被盜掘，墓葬形式無可靠記錄。該墓所出隨葬品，現存多爲第一次盜掘出土器物。其中最著名的是青銅禮器，如楚王熊

璋劍、曾姬無卹壺、楚王熊肯鼎、楚王熊悍鼎及鑄盉等，楚王熊悍鼎，蓋上刻銘三十三字，器上刻銘三十一字，共計六十四字。其中銘文「楚王熊悍戰獲兵銅，正月吉日室鑄鐈鼎，以供歲嘗」，記述的是楚王熊悍在戰爭中繳獲大量銅兵器，正月的一個吉祥日子裏，把銅兵器熔化，鑄成這個鼎，以供每年的嘗祭用。楚幽王墓規格高，出土的文物都是楚國晚期器物斷代的標準器，對研究這一時期銅器的多樣性和複雜性有重要意義。

一九五〇年至一九五一年中國科學院考古研究所在河南新鄉輝縣市固圍村村東，發掘清理了戰國中期魏國王陵。此處有三座魏王陵墓，是魏王及王后的陵墓。三墓自西向東並列在高二公尺，東西長一百五十公尺，南

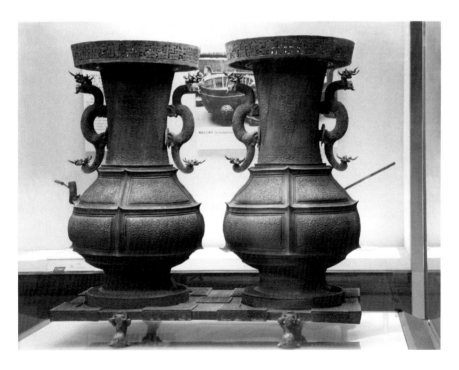

圖 4-30　戰國早期銅聯禁大壺，湖北隨州曾侯乙墓出土，湖北省博物館藏（楊興斌／攝）

141

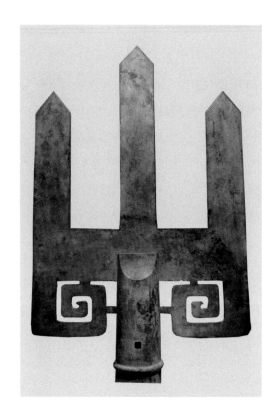

圖 4-31　戰國中山王墓山字形銅器，
河北平山中山王墓出土，河北省博物
館藏（磊鳴／攝）

北寬一百三十五公尺的平台上，依次編爲一、二、三號，規模最大的是二
號墓，建造時間一號墓最早，二號墓次之，三號墓最晚。二號墓一九二九
年至一九三〇年曾遭大規模盜掘，其中出土有玉簡冊、玉圭和大玉璜等。
一號墓出土了成套的仿銅的陶質禮器，有升鼎九件、簋二件、壺四件、鑒
四件、盤一件及匜一件，還出土鏟、鋤、犁、斧、削等鐵器九十三件，是
中國第一次成批出土的戰國鐵器。在一號墓的南墓道中發現有放置車馬的
墓室，表明自西周以來在大墓旁另建車馬坑的制度已經改變。

　　中山國係北方少數民族白狄建立的國家，春秋時期稱鮮虞，戰國時期
以「中山」爲名，這主要因爲其都邑「城中有山，故曰中山」。一九七八年，

考古工作者在河北平山縣三汲發掘了一處戰國時期的古城址。其中一號和
六號墓爲中山國王的大型墓葬。兩墓出土的中山國青銅器數量多，很具典
型性。圓鼎爲圓腹、平底，與一般圓鼎的圓腹、圓底的形制有別。細孔流
素面鼎與西周以後中原出現的帶流鼎有著淵源關係，但大平底和實體封閉
式流則是其獨特的構思；鬲作實足；甗的下半部很像是釜，但其下半部還
保留了三隻小足，是鬲到釜的過渡形式；簋的腹體作直上直下式，蓋紐與
器足形狀不一致；豆是方座豆，與中原器相近，唯方座獨具特色；山字形
器〔圖 4-31〕爲三支鋒由下至上，削尖抹刃，兩側向下內回轉成鏤空雷紋，下
部中間有圓筒狀銎。該器雄偉莊重，既是王權的象徵，又是中山國的徽標。
四龍四鳳方案〔圖 4-32〕，案框爲正方形，由四條龍頭頂斗拱支撐，斗拱爲仿

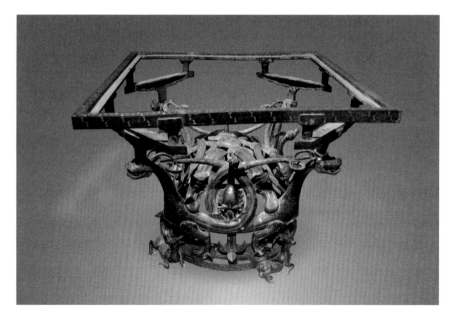

圖 4-32　戰國錯金銀四龍四鳳銅方案，河北平山中山王墓
出土，河北省博物館藏（磊鳴／攝）

143

木結構建築形式，底座呈圓環形，由兩牡兩牝四隻梅花鹿等距環列側臥承托，結構之複雜，造型之優美，爲驚世之作。虎噬鹿屏風座（圖 4-33）的通體爲一隻斑斕猛虎，虎身軀渾圓，向右弓曲呈 S 形，虎背的後部和頸上各立飾獸面的長方形銎，虎巨口張開，咬噬著一隻掙扎著的小鹿，是藝術品中的傑作。十五連盞燈的燈體如樹，由燈座和七節燈架構成，燈座平面呈圓形，飾有三條彎曲成 S 形的鏤空翼龍，座下有三隻等距離環列的雙身虎承托金器。座上立二個赤膊短裳的家奴，正在向上拋食戲猴。燈枝高低錯落，枝頭各托一圓形燈盞，枝間小鳥棲息，群猴嬉戲，神龍向上蜿蜒遊弋。

中山國青銅器銘文內容豐富，可補歷史文獻的佚缺。平山三汲一號大墓出土的幾件長銘銅器，如四百六十九字的中山王鐵足鼎、四百五十字的中山王方壺等。其刻銘記錄了許多文獻無載的事實。從中山武公立到被魏滅，前後共七年時間。桓公被

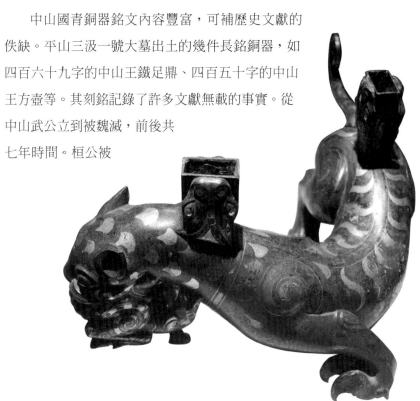

圖 4-33　戰國錯金銀銅虎噬鹿屏風座，河北平山中山王墓出土，河北省博物館藏（嘉鳴／攝）

144

滅後，又復了國，並遷都靈壽（今平山三汲）。在魏滅中山到桓公復國的七年中，魏仍保留了中山國國名，而另封魏人守中山。

　中山王墓的發現對研究中山國青銅文化有著重要價值。白狄建立的中山國，處在燕、趙等幾個大國之間，受華夏族影響很大，因而其青銅器融合了華夏族的特點，但也保留了一些本民族的風格。

禮出東方

中國青銅器

5

青銅時代的地域觀念

▌ 北方地區的青銅文化

　　「北方青銅文化」覆蓋地域遼闊，文化內涵豐富，器物造型和裝飾紋樣獨特，是中國古代文明的重要組成部分。「北方青銅文化」中的器物按用途可以分為兵器、工具、生活用具、裝飾品四個大的類別，是北方民族生產、生活的真實寫照。

　　遼河上游區，主要是夏家店下層文化分佈區，分佈在燕山以北，遼河上游地區，最南部可抵達燕山。在其分佈範圍內發現了數批青銅禮器窖藏，如遼寧喀左縣北洞村發現的兩個青銅器窖藏坑，一號坑出土有五件罍、一件瓿，二號坑出土二件圓鼎和方鼎、簋、罍、缽形器各一件。（圖 5-1）遼寧義縣也發現一個青銅器窖藏坑，出土兩件甗，鼎、簋、俎形器各一件。這些青銅禮器多數屬於商末周初，有的則早到商代中期，如克什克騰旗和翁牛特旗出土的鼎和甗。（圖 5-2）這些青銅器的單個器物形制及紋飾風格均與殷墟相似，尤其是鼎和甗，但是它們出土情況卻與殷墟不同，器物組合單一，僅見食器和盛酒器，沒有飲酒器。這說明北方遼河上游區，雖然吸收了中原殷墟青銅禮器的形制特點，但並未接受青銅禮器的祭祀方式，保留

147

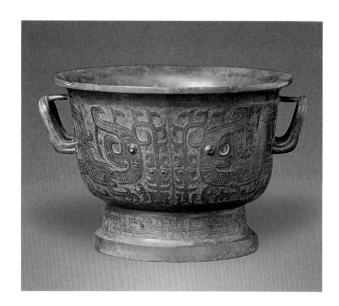

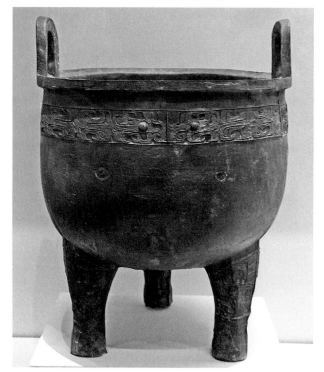

圖 5-1　西周早期「匽侯」
青銅盂，1955 年遼寧喀
左出土，中國國家博物
館藏。此器內壁鑄銘文
「匽侯作盂」(「匽」即「燕」)
(孔蘭平／攝)

圖 5-2　青銅鼎，夏家
店下層文化(約西元前
2000 年—前 1500 年)，
內蒙古赤峰翁牛特旗頭
牌子出土，中國國家博
物館藏(孔蘭平／攝)

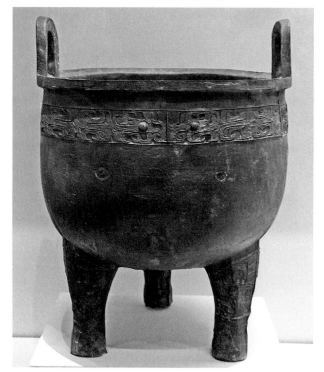

著明顯的地方特色。該區最具特色的應是大量的各式獸首青銅兵器和用具，如青龍縣抄道溝出土的羊首曲柄短劍、鹿首彎刀、鈴首弧背刀、曲柄匕和銅戚等。

　　燕山以南的冀北區，這裏是大坨頭文化的分佈區，該區的青銅禮器群以北京平谷區劉家河商代墓葬爲代表。墓內出土青銅禮器有二件方鼎、三件圓鼎，鬲、甗、爵、斝、卣（圖 5-3）、罍、瓿各一件，二件盉、二件盤等共十六件。此外，墓內還出土有鐵刃銅鉞、銅飾、金臂釧、金耳環、金箔

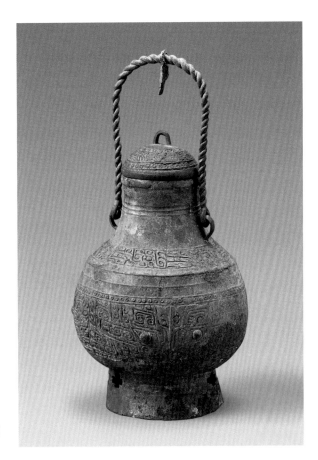

圖 5-3　商中期饕餮紋卣，
1977 年北京平谷區劉家河
出土，首都博物館藏

149

及玉器等。這批青銅禮器大多與殷墟青銅器類似，但製作粗糙，盤寬沿，沿邊左右對立兩鳥形柱，盤內壁有魚紋三組，內底中心有龜形圖案，風格特殊，為當地特色。墓內金製品也具當地特色，不見於殷墟。該區青銅禮器群的器類較齊全，與燕山以北的遼河上游區不同，受中原的影響更明顯。但由於此區毗鄰燕北夏家店下層文化分佈區，出土的金質品又具有夏家店下層文化的特色，故可稱為夏家店下層文化之燕南型。

李家崖文化分佈區在今天的晉陝黃河兩岸。商王朝西北部多為方國如土方、工方和鬼方的居住地。此區與北方草原青銅文化區為鄰，青銅器帶有北方草原青銅器的特點，主要表現在各式青銅兵器、工具和盤、簋等禮器上。

二十世紀七〇年代在內蒙古鄂爾多斯發現的朱開溝遺址，存在五個階段的文化遺存。構成該文化的器物群，發展序列清楚，銜接比較緊密，是一脈相承發展起來的地方性文化。從朱開溝第三階段始，就出土數量較多的青銅器，多係小件器物，如銅錐、銅針、耳環、銅環等；到第五階段時，開始出現青銅容器、兵器和工具，有鼎、簋、爵、短劍、戈、刀等。其中銅戈直內，窄欄，厚脊，尖鋒，兩面刃，具有地方特色；所飾虎頭紋，其造型及花紋作風卻與偃師商城二里岡上層的大體相似。說明該文化與中原青銅文化關係緊密。

夏家店上層文化的主要年代是在兩周之際。它繼承了商末周初的一些傳統，並對後來的春秋戰國時期的北方青銅器產生影響。夏家店上層文化經過調查和發掘過的重要遺址有夏家店、藥王廟、蜘蛛山、南山根、小黑石溝、龍頭山和關東車等，這些遺址中大部分不僅發現有居住址，還發現有屬於該文化的墓葬。（圖 5-4）以寧城南山根命名的南山根類型的夏家店上層文化的典型遺存，分佈地域偏西，與內蒙古中南部地區連接，其文化內涵明顯地包括兩個系統的文化遺物。一是以曲刃短劍、柄部帶齒銅刀和扇

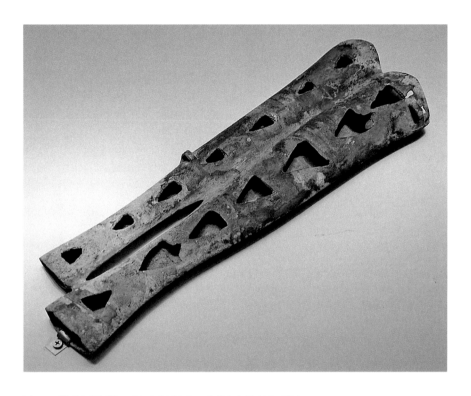

圖 5-4　雙聯青銅劍鞘，夏家店上層文化，內蒙古寧城小黑石溝出土，中國國家博物館藏（孔蘭平／攝）

形刃銅斧為代表的器物群；二是以柳葉形短劍、弧背凹刃銅刀為代表的北方草原文化青銅器。兩個系統文化在赤峰地區接觸，形成了高度發展的夏家店上層文化。南山根類型的年代，一般估計為西周至春秋。從南山根出土的凹格短劍造型看，其時代上限可早到西周早期，與林西大井銅礦夏家店上層文化冶鑄遺址碳十四測定的年代是相吻合的。可以看出，夏家店上層文化與北方草原文化青銅器有著比較密切的親緣關係。夏家店上層文化的青銅器種類豐富多樣，容器有鬲、鼎、豆、勺、罐等，這些青銅容器體量較大，為自身文化傳統的器類和器形，且裝飾風格也獨具特色。另外，

151

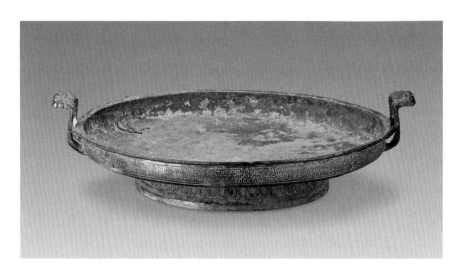

圖 5-5 春秋早期雲紋盤，1986 年北京延慶縣玉皇廟
墓地出土，首都博物館藏

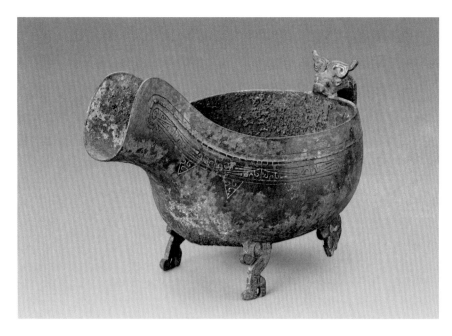

圖 5-6 春秋早期三角雲紋匜，1986 年北京延慶縣玉
皇廟墓地出土，首都博物館藏

青銅武器、工具、裝飾品等製作精良，成爲該文化青銅器中最具特色的器物。主要器物是錘斧、匕、鏃和裝飾多樣的銅牌飾。夏家店上層文化遺址出土的青銅器，從其造型藝術看，是綜合了文化交流的結果，呈現出多樣性的青銅文化。

「北方青銅文化」源於夏商時期，商代晚期至西周初具規模，西周晚期至春秋早期得到了長足發展，春秋中期至戰國達到鼎盛；異彩紛呈的各種青銅動物紋飾牌，在秦漢時期，爲「北方青銅文化」留下了最後的輝煌。「北方青銅文化」在漫長的發展歷程中，融合了中原地區及北方草原地區的文化因素，形成了自身特色。（圖 5-5）（圖 5-6）

▋ 西南地區的巴蜀文化

巴蜀文化是華夏文化的一個分支，商周時期也已經進入青銅文化。歷史文獻上所記載的巴國，是指與西周王室同姓的姬姓巴國。早在殷商時代，巴國已見稱於世，殷墟甲骨文稱爲「巴方」，是商代很活躍的一個方國。商代末年，周武王率西土之師東伐殷紂王，巴師充當前鋒，勇銳無敵，歌舞以凌，致使殷人前徒倒戈，對西周王朝的建立做出了貢獻。所以西周王朝建立之初，周武王分封宗姬於巴，成爲最早受周王室分封的姬姓諸侯之一。春秋時代，巴與楚國反目成仇，被迫轉入渝東長江幹流和四川盆地東部。西元前三一六年巴國爲秦國滅亡。巴青銅文化特點突出：一是大量使用巴蜀符號，並刻鑄在青銅器和印章上；二是樂舞發達，人民能歌善舞，其青銅樂器以錞（chún）于爲重器。

早期蜀文化是以三星堆遺址爲代表的商代青銅文化，這一點由於近年來三星堆遺址發現了早期城牆，證實三星堆遺址即蜀國早期都城而最終得以確認。《尚書・牧誓》中所記載的周武王伐商紂的聯軍中的蜀，就是古蜀國。古蜀國青銅文化與中原商文化同步發展，至商代晚期達到高度繁

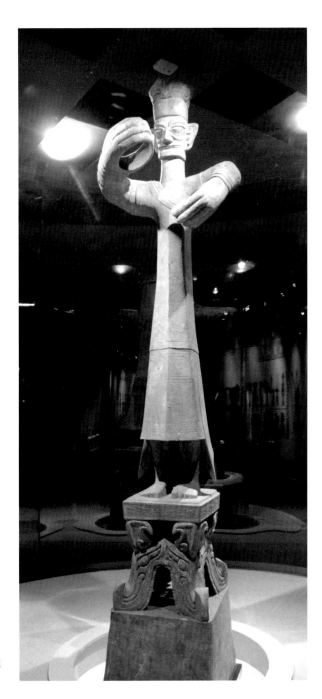

圖 5-7　商代青銅立人像，
四川廣漢三星堆博物館藏
（鷗戈／攝）

榮。蜀國青銅文化，自身特點非常鮮明。足以說明它是在本地發展起來的
一支土著文化。如三星堆一、二號祭祀坑中出土的金杖、金面罩、青銅大
型立人像、青銅面具、神樹等，均為中原其他地區所未見。其中，二號祭
祀坑中出土的青銅巫師立像（圖 5-7）高達二點六二公尺，重一百八十多公
斤，巫師頭戴獸面形高冠，身著衣服三層，最外層衣服近似「燕尾服」，
兩臂平抬，兩手呈持物獻祭狀。這樣高大的青銅鑄像在商代青銅文明中是
獨一無二的。同坑出土的還有象徵蜀王先祖蠶叢的大型青銅面具（圖 5-8），
寬一百三十八公分，重八十多公斤，造型極度誇張，大耳高聳，長長的眼
球向外凸出，其面容威嚴。青銅神樹高三百八十四公分，樹上九枝，枝上
立鳥棲息，枝下碩果勾垂，樹幹旁有一龍援樹而下，十分生動、神秘，它
把有關古代扶桑神話形象具體地反映出來了。以祖先崇拜和動植物等自然
神靈崇拜為主體的宗教觀念，這是早期蜀人最主要的精神世界。值得注意
的是二號祭祀坑出土的四牛尊內，裝塡有海貝及玉器，三羊尊內裝大量海
貝，四羊罍出土時內裝一青銅鳳鳥飾；還有各種禽、獸、儀仗、裝飾品類，
器類有爬龍柱形器、虎形器、蛇形器、雞、鳳鳥、鈴、援、車形器等。這
些器物突出體現了這一地區青銅文化的特徵和祭祀文化的面貌。

　　古蜀國自身有著悠久的歷史，三星堆出土青銅器顯示的本地禮俗與中
原禮制有著明顯的區別。三星堆出土的商代青銅器以各種青銅面具和武器
為多數，禮器很少，且器類簡單，主要有尊、罍等大型盛酒器，缺少中原
地區習見的爵、斝、角、觶等酒器，而且不見食器。這一點與江南各地頗
為一致，不僅表示兩地習俗不同，也可說明兩地祭祀禮儀有別。

　　戰國時期的蜀文化，已經進入晚期，由於受到了楚文化的影響，這時
期的青銅器與楚器非常近似。最有特色的是青銅兵器，如短劍、戈、鉞等，
與中原和東南地區不同，短劍作柳葉形；戈胡分列援的兩側，但較短；銅
鉞鑾首折腰。

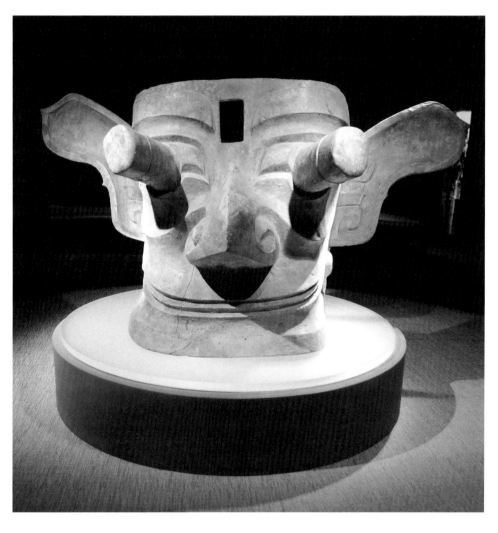

圖 5-8　商代青銅縱目面具，四川廣漢三星堆博物館藏
（樊甲山／攝）

巴人的活動最早見於殷墟甲骨文記載，商人稱其為「巴方」，當時他們生活在今陝西省漢水流域，以後逐漸南遷至今湖北清江流域和重慶境內。巴國與蜀國一同參加了周武王伐紂，被西周封國。巴國在春秋戰國時期經常與楚國發生戰爭，巴國的都城也不斷遷徙。在此期間，巴國青銅文化發展到高峰。青銅器種類多，數量大，分佈廣，製作水準也日臻成熟，地方特徵鮮明突出。其中，以虎紐錞于最為多見，青銅器紋飾常用虎紋，巴國文字和符號也廣泛流行。巴、蜀本是兩種文化，但相互毗鄰，兩種文化滲透最終趨同，春秋時期最終形成了「巴蜀文化」。

▋ 南方的吳城文化

　　南方的吳城文化是指商時期分佈在贛江中下游，鄱陽湖以西的贛北、贛西北、贛中地區的一種地方青銅文化。吳城文化既帶有濃厚的中原商文化色彩，又具有鮮明的地方特色，因首先發現於江西省樟樹市的吳城而得名。其時代大致相當於商代和西周時期或更晚。青銅工具有刀、斧等，發現有三十五件鑄造銅斧、鑿、刀等用的石範，與中原地區廣泛使用的陶範不同。

　　南方吳城文化的青銅器，在吳城、大洋洲、銅嶺等遺址中出土，絕大部分約屬於商代晚期文化，包括樟樹山前的虎耳、鳥耳扁足鼎；大洋洲中陵水庫出土的八件鼎；一九八九年在江西新干縣大洋洲發掘的長方形土坑豎穴墓中，出土器物青銅器四百八十五件、玉器七百五十四件、陶器三百五十六件，其中以青銅器最爲引人矚目，其數量之多，造型之美，鑄工之精，均爲中國南方僅見。（圖 5-9）（圖 5-10）新干青銅禮器的器類組合表現出明顯的地方特色，以飪食器和酒器爲主，飪食器數量最多，種類齊全，有鼎、鬲、甗三十八件。其中的四足方甗形體高大，高一百一十五公分，被譽爲「甗王」。酒器主要有尊、卣、壺等，與中原地區相較組合有所不同。

159

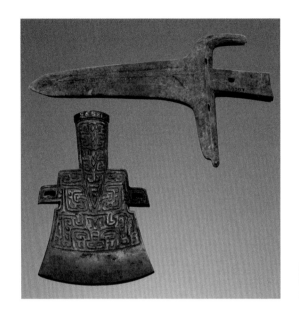

圖 5-9　商代銅勾戟與帶銎銅鉞，
吳城文化，江西新干縣大洋洲出
土，首都博物館藏（磊鳴／攝）

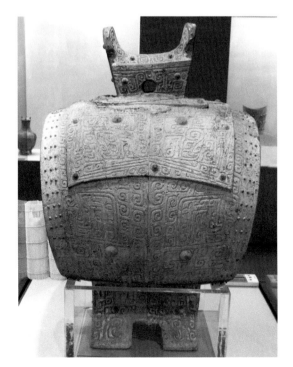

圖 5-10　商後期雲雷紋銅建鼓，
吳城文化，首都博物館藏（磊鳴／
攝）

　　南方吳城文化的青銅器群所呈現的文化傳統特徵表明該青銅文化具有自成一系的鮮明特色，它與當時的中原商文化之間存在著明顯的差異。首先，以方鼎、圓鼎、鬲、甗爲中心的重食組合是吳城文化青銅器最爲突出的特色；再者，吳城文化中是以大型鐃、鎛爲樂器。

參考文獻

[1] 中國社會科學院考古研究所。殷周金文集成 [M]。北京：中華書局，1984。

[2] 郭沫若。兩周金文辭大系圖錄考釋 [M]。北京：科學出版社，1957。

[3] 包利斯科夫斯基 Π。И。石器時代、青銅器時代、鐵器時代 [M]。北京：三聯書店，1957。

[4] 郭沫若。奴隸制時代 [M]。北京：人民出版社，1977。

[5] 北京大學歷史系考古教研室商周組。商周考古 [M]。北京：文物出版社，1979。

[6] 中國社會科學院考古研究所。殷墟婦好墓 [M]。北京：文物出版社，1980。

[7] 郭寶鈞。商周青銅器群綜合研究 [M]。北京：文物出版社，1981。

[8] 唐蘭。西周青銅器銘文分代史徵 [M]。北京：中華書局，1986。

[9] 李學勤。新出青銅器研究 [M]。北京：文物出版社，1990。

[10] 尹盛平。西周微氏家族青銅器群研究 [M]。北京：文物出版社，1991。

[11] 桑行之。說金 [M]。上海：上海科技教育出版社，1994。

[12] 李伯謙。中國青銅文化體系研究 [M]。北京：科學出版社，1997。

[13] 張光直。中國青銅時代 [M]。北京：三聯書店，1999。

[14] 王暉。商周文化比較研究 [M]。北京：人民出版社，2000。

[15] 王玉哲。中華遠古史 [M]。上海：上海人民出版社，2000。

[16] 丁孟。故宮藏先秦青銅器 [M]。北京：紫禁城出版社，2001。

[17] 許倬雲。西周史 [M]。北京：三聯書店，2001。

[18] 北野。中國文明論 [M]。北京：中國社會科學出版社，2001。

[19] 李澤厚。美的歷程 [M]。天津：天津社會科學院出版社，2001。

[20] 丁孟。中國青銅器識別 [M]。遼寧：遼寧人民出版社，2004。

責任編輯　　雪　兒
封面設計　　陳德峰

中 華 文 化 基 本 叢 書 ——— 14

書　　名　**禮在東方：中國青銅器**

著　　者　丁孟

出　　版　三聯書店（香港）有限公司
　　　　　香港北角英皇道 499 號北角工業大廈 20 樓
　　　　　20/F., North Point Industrial Building,
　　　　　499 King's Road, North Point, Hong Kong

香港發行　香港聯合書刊物流有限公司
　　　　　香港新界大埔汀麗路 36 號 3 字樓

版　　次　2015 年 7 月香港第一版第一次印刷

規　　格　16 開（165 × 230 mm）176 面

國際書號　ISBN 978-962-04-3512-6

　　　　　© 2015 Joint Publishing (H.K.) Co., Ltd.

　　　　　Published in Hong Kong